Paulo Coelho

El Peregrino

Traducción de Hinda Katia Schumer
Traducción de "Antes de comenzar" de Carlos Tatay

 Planeta

Coelho, Paulo
   El Peregrino.– 1ª ed.– Buenos Aires: Planeta, 2006.
   256 p. ; 13,5x20 cm.

Traducido por: Hinda Katia Schumer

ISBN 950-49-1520-5

1. Narrativa Brasilera I. Schumer, Hinda Katia, trad. II. Título
CDD B869.3

Este libro fue publicado anteriormente en castellano
como *Diario de un mago*

Título original: *O Diário de un Mago*

Traducción de Hinda Katia Schumer

© 1997, 2006, Paulo Coelho
http;/www.paulocoelho.com
Esta edición fue publicada con acuerdo
de Sant Jordi Asociados, Barcelona (España)

Diseño de cubierta: Peter Tjebbes sobre diseño original
Florencia Gutman, FG diseño y comunicación
Imagen de cubierta:
Luis Rosendo Prod. Fot. Getty Images

Diseño de interior: *Diego Valiña*

Foto de autor: *2004, Frederic Charmeux* ®

Derechos exclusivos de edición en castellano
reservados para la Argentina y Colombia:
© 2006, Grupo Editorial Planeta S.A.I.C.
Independencia 1668, C 1100 ABQ, Buenos Aires
www.editorialplaneta.com.ar

ISBN-13: 978-950-49-1520-1
ISBN-10: 950-49-1520-5

© 2006, Editorial Planeta Colombiana S. A.
Calle 73 Nº 7-60, Bogotá
www.editorialplaneta.com.co

ISBN-13: 978-958-42-1890-2
ISBN-10: 958-42-1890-5

Primera reimpresión (Colombia): mayo de 2007
Segunda reimpresión (Colombia): abril de 2008
Tercera reimpresión (Colombia): mayo de 2009
Impresión: Printer Colombiana S. A.
Impreso en Colombia - Printed in Colombia

Oh, María, sin pecado concebida, rogad por nosotros que recurrimos a Vos. Amén.

Ellos dijeron: "Señor, aquí hay dos espadas."
Él les dijo: "Basta."
Lucas, 22, 38

Antes de comenzar

S|entado en un jardín de una ciudad del sur de Francia.

Entonces retrocedo quince años en el tiempo, una tarde, un café, un agua mineral, personas que conversan y caminan, pero esta vez el escenario son las planicies de León, el idioma es el español, mi cumpleaños se acerca, salí hace tiempo de Saint-Jean-Pied-de-Port y estoy más allá de la mitad del camino que conduce a Santiago de Compostela. Miro hacia adelante, el paisaje monótono, el guía también toma un café en un bar que parece haber sugido de la nada. Miro hacia atrás, el mismo paisaje monótono, con la única diferencia de que el polvo del camino tiene las huellas de las suelas de mis zapatos, pero es temporal, el viento las borrará antes de que llegue la noche. Todo me parece irreal. ¿Qué estoy haciendo aquí? Esta pregunta continúa acompañándome a pesar de que han pasado varias semanas.

Estoy buscando una espada. Estoy cumpliendo un ritual de RAM, una pequeña orden dentro de la Iglesia católica sin secretos ni misterios, tan sólo el deseo de comprender el lenguaje simbólico del mundo. Estoy pensando que fui engañado, que la búsqueda espiritual no deja de ser algo sin sentido o lógica y que sería mejor estar en Brasil ocupándome de lo que yo siempre me ocupaba. Estoy dudando de mi sinceridad en la búsqueda espiritual, porque cuesta mucho encontrar a un Dios que nunca se muestra, rezar en horas fijas, recorrer caminos extraños, tener disciplina, aceptar órdenes que me parecen absurdas.

Es eso: dudo de mi sinceridad. Todos estos días, Petrus ha dicho que el camino es de todos, de las personas corrientes, lo que me deja muy decepcionado. Yo pensaba que todo este esfuerzo me proporcionaría un lugar destacado entre los pocos elegidos que se aproximan a los grandes arquetipos del universo. Yo pensaba que finalmente iba a descubrir que son verdad todas esas historias sobre gobiernos secretos de sabios en el Tibet, sobre pociones mágicas capaces de provocar amor donde no existe atracción, sobre rituales donde de repente aparecen las puertas del Paraíso.

Pero lo que Petrus me dice es exactamente lo contrario: no existen elegidos. Todos son escogidos si en vez de preguntarse «qué estoy haciendo aquí» deciden hacer algo que despierte el entusiasmo donde está la puerta del Paraíso, el amor que transforma, la elección que nos lleva hasta Dios. Es ese entusiasmo el que nos conecta con el Espíritu Santo y no los cientos, miles de lecturas de los textos clásicos. Es la voluntad de creer que la vida es un milagro lo que permite que los milagros ocurran y no los llamados «rituales secretos» u «órdenes iniciáticas». En fin, es la decisión del hombre de cumplir su destino lo que lo hace ser realmente un hombre y no las teorías que él desarrolla sobre el misterio de la existencia.

Y aquí estoy yo. Más allá de la mitad del camino que me lleva a Santiago de Compostela.

Esta tarde en León, en el lejano año de 1986, aún no sé que dentro de seis o siete meses escribiré un libro sobre esta experiencia, que ya camina por mi alma el pastor Santiago en busca de un tesoro, que una mujer llamada Veronika se prepara para ingerir unas pastillas e intentar suicidarse, que Pilar llegará delante del río Piedra y escribirá, llorando, su diario. Todo lo que sé en este momento es que estoy tenso, nervioso, incapaz de hablar con Petrus, porque acabo de darme cuenta de que no puedo volver a hacer lo que hacía, aunque eso signifique perder un dinero considerable a final de mes, una cierta estabilidad emocional, un trabajo que ya conozco y domino. Necesito cambiar, ir en busca de mi sueño, un sueño que me parece infantil, ridículo, imposible de realizar: convertirme en el escritor que secretamente siempre deseé ser, pero que no tengo el valor de asumir.

Petrus termina su café, su agua mineral, pide que pague la consumición y que continuemos andando, ya que todavía quedan algunos kilómetros hasta la próxima ciudad. La gente continúa pasando y hablando, mirando de reojo a los dos peregrinos de mediana edad, pensando que hay mucha gente rara en este mundo siempre dispuesta a intentar revivir un pasado que ya está muerto.* La temperatura debe de ser de unos 27° C porque es el final de la tarde, y me pregunto silenciosamente por milésima vez qué estoy haciendo allí.

¿Yo quería cambiar? Creo que no, pero este camino me está transformando. ¿Quería conocer los misterios? Creo que sí, pero el camino me está enseñando que no existen

---

* El año que hice la peregrinación apenas 400 personas habían recorrido el Camino de Santiago. En 1999, según estadísticas oficiales, 400 personas pasaban, cada día, delante del bar mencionado en el texto.

misterios, que, como decía Jesucristo, no hay nada oculto que no haya sido revelado. En fin, todo está ocurriendo exactamente al contrario de lo que yo esperaba.

Nos levantamos y empezamos a andar en silencio. Estoy inmerso en mis pensamientos, en mi inseguridad, y Petrus debe de estar pensando, imagino yo, en su trabajo en Milán. Está aquí porque de alguna manera fue obligado por la tradición, pero posiblemente espera que esta caminata termine pronto para volver a hacer lo que le gusta.

Andamos el resto de la tarde sin hablar. Todavía no existen teléfonos móviles, faxes, correo electrónico. Estamos aislados en nuestra convivencia forzada. Santiago de Compostela está delante y no puedo imaginar que este camino me conduzca no sólo a esta ciudad sino a muchas otras ciudades del mundo. Ni Petrus ni yo sabemos que esta tarde, en la planicie de León, estoy caminando también hacia Milán, su ciudad, donde llegaré casi diez años más tarde con un libro titulado *El Alquimista*. Estoy caminando hacia mi destino, tantas veces soñado y otras tantas veces negado. Estoy caminando hacia el jardín donde esta tarde de junio de 2001 existe un café, un agua mineral, un sol agradable, y una carta de mi editora pidiéndome un prefacio para la edición española de *El Peregrino*.

Estoy caminando para ver publicada la historia de mi renacimiento.

PAULO COELHO
Jardín Massey, Tarbes, Francia,
1 de junio de 2001

El Peregrino

La llegada

El vista de aduanas miró detenidamente la espada que mi mujer cargaba, preguntando qué pretendía hacer con ella. Le dije que un amigo nuestro la tasaría para subastarla. La mentira dio resultado; el vista nos dio una declaración de que había entrado con la espada en el aeropuerto de Barajas, y añadió que si teníamos problemas para retirarla del país, bastaba mostrar aquel documento en la aduana.

Fuimos al despacho de la compañía de alquiler de vehículos y confirmamos la reserva de dos automóviles. Tras obtener los correspondientes resguardos, fuimos juntos a comer algo en el restaurante del mismo aeropuerto antes de despedirnos.

Yo había pasado una noche sin dormir, en el avión.

—No te preocupes —dijo ella por enésima vez—. Tienes que ir hasta Francia, y en Saint-Jean-Pied-de-Port buscas a Madame Lawrence. Ella te pondrá en contacto con alguien que te conducirá por el Camino de Santiago.

—¿Y tú? —pregunté, ya sabiendo la respuesta.

—Voy hasta donde tengo que ir a dejar lo que me fue confiado. Después me quedaré en Madrid algunos días y volveré a Brasil. Soy perfectamente capaz de ocuparme de nuestros negocios tan bien como tú.

—Lo sé —respondí, queriendo eludir el tema.

Mi preocupación por los asuntos que había dejado en Brasil era enorme. Aprendí lo necesario sobre el Camino de Santiago en los quince días que siguieron después del incidente en Agulhas Negras, pero tardé casi siete meses en decidirme a abandonarlo todo y comenzar el viaje.

Y una mañana mi mujer me dijo que la hora había llegado, que la fecha se aproximaba y que, si no tomaba una decisión, debía olvidarme para siempre del camino de la Magia y de la Orden de RAM. Traté de demostrarle que el Maestre me había ordenado una tarea imposible, que no podía evadirme de la responsabilidad del trabajo diario. Ella rió y dijo que yo daba una ridícula disculpa, pues en aquellos siete meses bien poco había hecho aparte de pasar días y noches preguntándome si debía viajar o no. Y con el gesto más natural del mundo, me extendió los dos pasajes con la fecha del vuelo ya marcada.

—Es porque tú lo decidiste que estamos aquí —le dije en el bar del aeropuerto—. No sé si es correcto dejar que otra persona tome la decisión de buscar mi espada.

Mi mujer dijo que si íbamos a discutir de nuevo por esas tonterías, era preferible subir a los respectivos coches y despedirnos en seguida.

—Jamás dejarías que otra persona tomara ninguna decisión en tu vida. Vamos. Se hace tarde.

Ella se levantó, tomó su equipaje y se dirigió al establecimiento. Yo no me moví. Me quedé sentado, mirando la manera displicente como ella llevaba mi espada, pudiendo resbalar debajo de su brazo a cada momento.

Se detuvo a medio camino, volvió hasta la mesa donde yo estaba, me dio un sonoro beso en la boca y me miró sin decir nada durante largo rato.

De repente me di cuenta de que estaba en España y de que no podía volver atrás.

Aun con la terrible certeza de que tenía muchas posibilidades de fracasar, había dado ya el primer paso. Entonces abracé a mi mujer con mucho amor, con todo el amor que sentía en aquel momento, y mientras ella estaba en mis brazos recé por todos y en todos los que creía, e imploré que me diesen fuerzas para volver con ella y con la espada.

—Bonita espada, ¿verdad? —comentó una voz femenina en la mesa de al lado, después que mi mujer se fuera.

—No te preocupes —respondió una voz de hombre—. Te compraré una exactamente igual. Aquí en España las hay en muchas tiendas de objetos turísticos.

Después de conducir durante una hora, el cansancio acumulado durante la noche anterior comenzó a hacerse sentir. Además, el calor de agosto era tan intenso que, aunque fuésemos por una carretera de poco tránsito, era inevitable que el coche mostrara signos de recalentamiento. Resolví detenerme brevemente en un pueblo donde los carteles de la carretera anunciaban un monumento nacional. Mientras subía la cuesta que me llevaría allí, comencé a repasar una vez más todo lo que había aprendido sobre el Camino de Santiago.

De igual modo que la tradición musulmana exige que todo fiel haga por lo menos una vez en su vida el camino que hizo Mahoma de La Meca a Medina, el primer milenio del cristianismo conoció tres rutas consideradas sagradas y que daban una serie de bendiciones e indulgencias a quien hiciese alguna de ellas. La primera ruta conducía hasta la sepultura de san Pedro en Roma; sus caminantes tenían por símbolo una cruz y eran llamados *romeros*. La segunda ruta conducía hasta el Santo Sepulcro de Cristo en Jerusalén, y los que hacían este camino eran llamados *palmeros* porque tenían como símbolo las palmas con que Cristo fue saludado con ocasión de su entrada en la ciudad. Finalmente, existía un tercer camino, un camino que conducía hasta los restos mortales del Apóstol Santiago, enterrados en un lugar de la península Ibérica, donde, en determinada noche, un pastor había visto una estrella brillante sobre un campo. La leyenda cuenta que, no sólo Santiago, sino la propia Virgen María, estuvieron allí inmediatamente después de la muerte de Cristo, llevando la palabra del Evangelio y exhortando a los pueblos a convertirse. El lugar quedó conocido como Compostela —el camino de la estrella— y luego surgió una ciudad que atrajo a viajeros del resto del mundo cristiano. A estos viandantes que caminaban por la tercera ruta sagrada les fue dado el nombre de *peregrinos*, y pasaron a tener como símbolo una concha.

En su época áurea, en el siglo XIV, la Vía Láctea (porque en la noche los peregrinos se orientaban por esta galaxia) llegó a ser recorrida todos los años por más de un millón de personas procedentes de todos los rincones de Europa. Hasta hoy, místicos, religiosos e investigadores hacen todavía a pie los setecientos kilómetros que separan la ciudad francesa de SaintJean-Pied-de-Port de la catedral de Santiago de Compostela en España*. Gracias al sacerdote francés Aymeric Picaud, que peregrinó hasta Compostela en 1123, la ruta seguida hoy por los peregrinos es exactamente la misma que recorrieron Carlomagno, san Francisco de Asís, Isabel de Castilla y, más recientemente, el papa Juan XXIII, entre otros.

Picaud escribió cinco libros sobre su experiencia, presentados como trabajo del papa Calixto II —devoto de Santiago— y conocido más tarde como el *Codex Calixtinus*. En el libro V del *Codex Calixtinus*, "Liber Sancti Jacobi", Picaud enumera las marcas naturales: fuentes, hospitales, refugios y ciudades que se extendían a lo largo del camino. Basada en anotaciones de Picaud, una sociedad —Les amis de Saint-Jacques (Santiago es *Jacques*, en francés; *James* en inglés; *Giacomo* en italiano; *Jacobo* en latín)— se encarga de mantener las marcas naturales y orientar a los peregrinos.

Alrededor del siglo XII, la nación española comenzó a aprovechar la mística de Santiago en su lucha contra los moros que habían invadido la península. Varias órdenes militares fueron creadas a lo largo del Camino, y las cenizas del Apóstol se tornaron en poderoso talismán espiritual para combatir a los musulmanes que decían tener consigo un brazo de Mahoma.

Acabada la Reconquista, sin embargo, las órdenes militares ostentaban tal poder que comenzaron a amenazar al Estado, obligando a los Reyes Católicos a intervenir directamente, para evitar que estas órdenes se levantaran

---

* El Camino de Santiago en territorio francés estaba marcado por varias rutas que se unían en la localidad española llamada Puente la Reina. La pequeña ciudad de Saint-Jean-Pied-de-Port está localizada en una de estas rutas, que no es la única ni la más importante.

contra la nobleza. Debido a esto, el Camino fue cayendo en el olvido poco a poco, y a no ser por manifestaciones artísticas esporádicas, como *La Vía Láctea*, de Luis Buñuel, o *Caminante*, de Juan Manuel Serrat, rara vez se recuerda que por allí pasaron millares de personas que más tarde irían a poblar el Nuevo Mundo.

El pueblo adonde llegué en coche estaba totalmente desierto. Después de mucho buscar encontré una pequeña posada adosada a una vieja casa de estilo medieval. El dueño —que no quitaba la vista de un programa de televisión— me avisó que aquella hora era la de la siesta y que yo debía de estar loco para viajar por la carretera con tanto calor.

Pedí un refresco, traté de mirar un poco la televisión, pero no conseguí concentrarme en nada. Pensaba solamente en que dentro de dos días iría a revivir, en pleno siglo XX, un poco de la gran aventura humana que trajo a Ulises de Troya, anduvo con don Quijote de la Mancha, llevó a Dante y Orfeo a los infiernos y a Cristóbal Colón hasta las Américas: la aventura de viajar en dirección a lo Desconocido.

Cuando entré de nuevo en mi coche ya estaba un poco más tranquilo. Aun cuando no descubriese mi espada, la peregrinación por el Camino de Santiago haría que al final me descubriese a mí mismo.

Saint-Jean-Pied-de-Port

Un desfile de personajes enmascarados y una banda de músicos vestidos de rojo, verde y blanco, los colores del País Vasco francés, ocupaban la principal calle de Saint-Jean-Pied-de-Port. Era domingo. Yo había pasado dos días conduciendo y no podía detenerme ni un minuto para participar de aquella fiesta. Me abrí camino entre las personas, escuché improperios en francés, pero terminé dentro de las fortificaciones que constituían la parte más antigua de la ciudad, donde debería encontrar a Mme. Lawrence. Aun en aquella parte de los Pirineos, hacía calor durante el día y salí del coche empapado en sudor.

Llamé a la puerta. Llamé de nuevo. Nada. Una tercera vez y nadie respondió. Me senté al borde de la vereda, preocupado. Mi mujer me había dicho que debería estar allí exactamente en aquel día, pero nadie respondía a mis llamadas. Era posible que Mme. Lawrence hubiese salido para ver el desfile, pero también existía la posibilidad que yo hubiese llegado demasiado tarde y ella hubiera decidido no recibirme. Así pues, el Camino de Santiago acabaría antes de haber comenzado.

De repente, la puerta se abrió y una niña salió corriendo a la calle. Me levanté de un salto y, en francés rudimentario, pregunté por Mme. Lawrence. La niña sonrió y señaló hacia dentro. Sólo entonces me di cuenta de mi error: la puerta daba a un enorme patio, alrededor del cual se extendían antiguas casas medievales con balcones. La puerta estaba abierta y no me había atrevido ni siquiera a tocar la manija.

Entré corriendo y me dirigí a la casa que la niña me había indicado. Allí dentro, una mujer gorda y ya mayor vociferaba algo en vasco a un muchacho delgado de ojos castaños y tristes. Aguardé algún tiempo para que la discusión terminara, y ésta finalizó con una ola de insultos de la anciana. Sólo entonces se dirigió a mí y, sin preguntarme siquiera lo que quería, me condujo, entre gestos delicados y empujones, al segundo piso de la pequeña casa. Allí arriba había un escritorio atestado de libros, diversos objetos, imágenes de Santiago y recuerdos del Camino. Ella retiró un libro del estante y se sentó detrás de la única mesa del lugar, dejándome de pie.

—Debes de ser otro de los peregrinos para Santiago —dijo sin rodeos—. Debo anotar tu nombre en el cuaderno de los que hacen el Camino.

Le di mi nombre y quiso saber si yo había traído las "vieiras". Vieiras es el nombre dado a las grandes conchas llevadas como símbolo de la peregrinación hasta la sepultura del Apóstol y servían a los peregrinos para que se identificaran entre sí*. Antes de viajar a España yo había ido a un lugar de peregrinación en Brasil: Aparecida do Norte. Había comprado una imagen de Nuestra Se-

---

* La única marca que el Camino de Santiago dejó en la cultura francesa fue, justamente, en el orgullo nacional, la gastronomía: "coquilles Saint-Jacques".

ñora de Aparecida montada sobre tres "vieiras". La saqué de la mochila y la enseñé a Mme. Lawrence.

—Bonito pero poco práctico —dijo ella, devolviéndo-
me las "vieiras"—. Puede romperse por el camino.

—No se romperá. Voy a dejarla sobre la tumba del
Apóstol.

Parecía que Mme. Lawrence no disponía de mucho
tiempo para atenderme. Me dio un pequeño carnet que
facilitaría mi hospedaje en los monasterios del Camino,
colocó un sello de Saint-Jean-Pied-de-Port para indicar
que allí había comenzado la caminata, y dijo que podía
partir con la bendición de Dios.

—Pero, ¿dónde está el guía? —pregunté.

—¿Qué guía? —respondió ella un poco sorprendida,
aunque con un brillo diferente en sus ojos.

Me di cuenta de que había olvidado algo muy importante: en mi afán de llegar y ser atendido inmediatamente, no había pronunciado la Palabra Antigua —una especie de seña que identifica a aquellos que pertenecen o
pertenecieron a las órdenes de la Tradición—. Inmediatamente corregí mi error y dije la Palabra. Mme. Lawrence, con gesto rápido, arrancó de mis manos el carnet
que minutos antes me había dado.

—No vas a necesitar esto —dijo, mientras sacaba un
montón de periódicos viejos de encima de una caja de
cartón—. Tu camino y tu descanso dependen de las decisiones de tu guía.

Mme. Lawrence extrajo de la caja un sombrero y un
manto. Parecían ropas muy antiguas pero bien conserva-
das. Me pidió que me quedara de pie en el centro de la
sala y comenzó a rezar en silencio. Después colocó el manto sobre mis hombros y el sombrero sobre mi cabeza. Pude notar que tanto en el sombrero como en cada hombre-

ra del manto había "vieiras" cosidas. Sin parar de rezar, la señora tomó un báculo de un rincón del escritorio y me hizo tomarlo con la mano derecha. En el bordón prendió una pequeña cantimplora de agua. Allí estaba yo: debajo, bermudas y camiseta I LOVE NY, y encima el traje medieval de los peregrinos de Compostela.

La anciana se aproximó hasta quedar a dos palmos de distancia frente a mí, en una especie de trance y, colocando las palmas de las manos sobre mi cabeza, dijo:

—Que el Apóstol Santiago te acompañe y te muestre lo único que necesitas descubrir; que no andes ni muy rápido ni muy lento, sino siempre de acuerdo con las Leyes y las Necesidades del Camino; que obedezcas a aquel que te guiará, aun cuando te dé una orden homicida, blasfema o insensata. Tienes que jurar obediencia total a tu guía.

Juré.

—El Espíritu de los antiguos peregrinos de la Tradición te acompañará en la jornada. El sombrero te protegerá del sol y de los malos pensamientos; el manto lo hará contra la lluvia y las malas palabras; el bordón te protegerá de los enemigos y de las malas acciones. Que la bendición de Dios, de Santiago y de la Virgen María te acompañen todos los días y todas las noches. Amén.

Dicho esto, volvió a su talante habitual: con prisa y con cierto mal humor recogió las ropas, las guardó de nuevo en la caja, volvió a colocar el bordón con la cantimplora en el rincón de la sala y, después de enseñarme las palabras de seña, me pidió que partiera, pues mi guía estaba esperándome a unos dos kilómetros de Saint-Jean-Pied-de-Port.

—A él no le gustan las bandas de músicos —dijo ella—. Pero aun a unos dos kilómetros de distancia las podrá escuchar, ya que los Pirineos son una excelente caja de resonancia.

Y sin más comentarios, bajó la escalera y se dirigió a la cocina para atormentar un poco más al muchacho de ojos tristes. A la salida pregunté qué debía hacer con el coche y ella dijo que dejara las llaves, pues alguien vendría a buscarlo. Fui al baúl, saqué la pequeña mochila azul con un saco de dormir enrollado, guardé bien protegida la imagen de Nuestra Señora de Aparecida con las conchas y, cargando todo sobre los hombros, fui a devolver las llaves a Mme. Lawrence.

—Sal de la ciudad siguiendo esta calle hasta aquella puerta allá al final de las murallas —me dijo—. Cuando llegues a Santiago de Compostela, reza un avemaría por mí. Yo hice ya muchas veces este camino, pero ahora no puedo más, debido a mi edad. Hoy me contento con leer la emoción en los ojos de los peregrinos, emoción que todavía siento. Cuéntale esto a Santiago. Y cuéntale también que en cualquier momento me encontraré con él, pero por otro camino, más directo y menos fatigoso.

Salí del poblado atravesando las murallas por la Porte d'Espagne. En el pasado, ésta había sido la ruta preferida de los invasores romanos, y por allí pasaron también los ejércitos de Carlomagno y Napoleón. Seguí en silencio, escuchando a lo lejos la banda de músicos y, súbitamente, en las ruinas de un pueblecito cerca de Saint-Jean, sentí una inmensa emoción y mis ojos se llenaron de lágrimas: allí, en aquellas ruinas y por primera vez, me di cuenta de que estaba pisando el Extraño Camino de Santiago.

Rodeando el valle, los Pirineos, coloridos por el sol de aquella mañana y por la música de la pequeña banda, me daban la sensación de algo primitivo, algo que ya había sido olvidado por la especie humana, pero que de ninguna manera podía saber qué era. Sin embargo, era una sensación extraña y fuerte y decidí apurar el paso y llegar lo antes posible al lugar donde, según me dijo Mme. Lawrence, me esperaba el guía. Sin dejar de caminar, me saqué la camiseta y la guardé en la mochila. Las tiras comenzaban a lastimar mis hombros desnudos pero, en compensación, las antiguas estaban tan suaves que no me causaban molestias. Después de casi cuarenta minutos, en una curva que rodeaba una gigantesca piedra, llegué a un viejo pozo abandonado. Allí, sentado en el suelo, un hombre de aproximadamente cincuenta años, cabellos negros y aspecto gitano, buscaba algo en una mochila.

—Hola —le dije en castellano, con la misma timidez que sentía cada vez que me presentaban a alguien—. Debes de estar esperándome. Me llamo Paulo.

El hombre dejó de revolver en la mochila y me miró de arriba abajo. Su mirada fría no revelaba sorpresa por mi llegada. Tuve también la vaga sensación de que lo conocía.

—Sí, estaba esperándote, pero no sabía que te iba a encontrar tan pronto. ¿Qué quieres?

Algo desconcertado con la pregunta, respondí que yo era quien él debía guiar por la Vía Láctea en busca de la espada.

—No es necesario —dijo el hombre—. Si quieres, puedo encontrarla para ti. Decide esto ahora.

Cada vez me parecía más extraña aquella conversación con el desconocido. Sin embargo, como había jurado obediencia total, me preparé para responder. Si él podía encontrar la espada para mí, me ahorraría un tiempo precioso y podría volver pronto a mis ocupaciones en Brasil, algo de lo que yo no podía olvidarme. Y aunque también podía ser un truco, no había ningún mal en responder. Resolví decir que sí.

De repente, por detrás de mí, oí una voz en castellano con marcado acento extranjero.

—No es necesario subir una montaña para saber si es alta.

¡Era la seña! Me di la vuelta y vi a un hombre de aproximadamente cuarenta años con bermudas color caqui y camiseta blanca sudada, mirando fijamente al gitano. Tenía el cabello cano y la piel quemada por el sol. Con mis prisas me había olvidado de las más elementales reglas de protección y me había lanzado en cuerpo y alma a los brazos del primer desconocido que encontré.

—El barco está más seguro cuando está en el puerto; pero no fue para esto que los barcos fueron construidos —le dije como contraseña.

No obstante, el hombre no desvió la vista del gitano ni éste desvió la mirada de él. Ambos se miraron de frente, sin miedo y sin valentía, durante algunos minutos. Hasta que el gitano dejó la mochila en el suelo, sonrió con desdén y siguió en dirección a Saint-Jean-Pied-de-Port.

—Mi nombre es Petrus* —dijo el recién llegado cuando el gitano hubo desaparecido detrás de la enorme piedra que yo había rodeado minutos antes—. La próxima vez sé más prudente.

Noté un tono simpático en su voz, distinto del tono del gitano y de la propia Mme. Lawrence. Tomó la mochila del suelo y noté que tenía dibujada una "vieira" en la

---

* En verdad, Petrus me dio su verdadero nombre. Para proteger su identidad, su nombre fue cambiado. En realidad, es uno de los pocos sobrenombres que figuran en este libro.

parte de atrás. Del interior de la mochila extrajo una botella de vino, tomó un trago y me la pasó. Mientras bebía, le pregunté quién era el gitano.

—Ésta es una ruta de frontera, muy frecuentada por
contrabandistas y por terroristas refugiados en el País
Vasco —dijo Petrus—. La policía casi no viene aquí.

—No me estás respondiendo. Vosotros os habéis mirado como viejos conocidos; tengo la impresión de que
lo conozco también; por eso actué tan precipitadamente.

Petrus sonrió y me pidió que emprendiésemos inmediatamente el camino. Tomé mis cosas y empezamos a
andar en silencio. Pero, por la risa de Petrus, yo sabía
que él estaba pensando lo mismo que yo. Habíamos encontrado un demonio.

Caminamos en silencio un cierto tiempo. Mme. Lawrence tenía razón: a casi tres kilómetros de distancia aún
podía oírse el sonido de los músicos que tocaban sin parar. Quería hacer muchas preguntas a Petrus: sobre su
vida, su trabajo y sobre lo que le había traído hasta este
lugar. Sabía, sin embargo, que aún teníamos setecientos
kilómetros para recorrer juntos y llegaría el momento
exacto de hallar respuestas a mis preguntas. Pero no me
podía quitar de la cabeza aquel encuentro con el gitano
y acabé rompiendo el silencio.

—Petrus, creo que el gitano era el demonio.

—Sí, era el demonio. —Cuando lo confirmó, sentí una
sensación de terror y alivio al mismo tiempo—. Pero no
es el demonio que conociste en la Tradición.

En la Tradición, el demonio es un espíritu que no es
bueno ni malo; es considerado guardián de la mayor parte de los secretos accesibles al hombre y con fuerza y poder sobre las cosas materiales. Por ser el ángel caído, se
identifica con la raza humana y está siempre dispuesto a

pactos y cambio de favores. Le pregunté cuál era la diferencia entre el gitano y los demonios de la Tradición.

—Vamos a encontrar otros por el camino —rió—. Los descubrirás por ti mismo. Pero, para tener una idea, trata de recordar toda la conversación con el gitano.

Recordé las dos únicas frases que había intercambiado con él. Dijo que me estaba esperando y había afirmado que buscaría la espada para mí.

Petrus dijo entonces que eran dos frases que revestían gran coherencia en la boca de un ladrón sorprendido en pleno robo de una mochila: para ganar tiempo y conseguir favores, mientras rápidamente trazaba una ruta de fuga. Al mismo tiempo, las dos frases podían tener un sentido más profundo, o sea, que las palabras significaran exactamente lo que pretendían decir.

—¿Cuál de las dos es la correcta?

—Ambas son correctas. Aquel pobre ladrón, mientras se defendía, urdió las palabras que eran necesarias para decírtelas. Creyó que era inteligente y que era instrumento de una fuerza mayor. Si él hubiese corrido cuando llegué, esta conversación no sería necesaria. Pero él me miró de frente, y leí en sus ojos el nombre del demonio que tú hallarás en el camino.

Para Petrus, el encuentro había sido un favorable presagio, ya que el demonio se había revelado con mucha anticipación.

—Sin embargo, no te preocupes por él ahora porque, como ya te dije, no será el único. Tal vez sea el más importante, pero no el único.

Continuamos andando. La vegetación, antes un poco desértica, se transformó en pequeños árboles esparcidos por doquier. Realmente, tal vez fuese mejor seguir el consejo de Petrus y dejar que las cosas sucedieran espontáneamente. De cuando en cuando, él hacía algún comentario relacionado con uno u otro hecho histórico ocurrido en los lugares por donde íbamos pasando. Vi la casa donde una reina había pasado la noche antes de morir y una capilla incrustada en la roca, ermita tal vez de algún hombre santo que, según juraban los raros habitantes de aquella región, era capaz de hacer milagros.

—Los milagros son muy importantes, ¿no te parece? —preguntó.

Respondí que sí, pero que jamás había visto un gran milagro. Mi aprendizaje en la Tradición había sido mucho más en el plano intelectual. Creía que, cuando recuperase mi espada, entonces sí sería capaz de hacer las cosas importantes que mi Maestre hacía.

—Y que no son milagros, pues no cambian las leyes de la naturaleza. Lo que mi Maestre hace es utilizar estas fuerzas para...

No conseguí completar la frase porque no encontraba ninguna razón para que el Maestre hiciera materializar espíritus, cambiar objetos de lugar sin tocarlos y, como había visto más de una vez, abrir claros de cielo azul en tardes cubiertas de nubes.

—Tal vez él haga eso para convencerte de que tiene el Conocimiento y el Poder —sentenció Petrus.

—Sí, puede ser —respondí sin mucha convicción.

Nos sentamos en una piedra porque Petrus me dijo que detestaba fumar cigarrillos mientras caminaba. Según él, los pulmones absorbían mucha más nicotina y el humo le daba náuseas.

—Por eso el Maestre te rehusó la espada —dijo Petrus—. Porque no sabes cuáles son sus motivos para hacer prodigios. Porque olvidaste que el sendero del conocimiento es un sendero abierto a todos los hombres, a las personas comunes. En nuestro viaje voy a enseñarte algunos ejercicios y rituales que son conocidos como las Prácticas de RAM. Cualquier persona, en algún momento de su existencia, tuvo acceso por lo menos a una de ellas. Todas ellas, sin excepción, pueden ser encontradas por quien se disponga a buscarlas, con paciencia y perspicacia, en las propias lecciones que la vida nos enseña.

"Las Prácticas de RAM son tan simples, que personas como tú, acostumbradas a sofisticar la vida en demasía, a menudo no les dan valor alguno. Mas son ellas, junto a otros tres conjuntos de Prácticas, los que hacen que el hombre sea capaz de conseguir absolutamente todo lo que desea.

"Jesús alabó al Padre cuando sus discípulos comenzaron a realizar milagros y curaciones, y agradeció porque Él había ocultado estas cosas de los sabios y las había revelado a los hombres. Después de todo, si alguien cree en Dios, tiene que creer también que Dios es justo.

Petrus tenía razón. Sería una injusticia divina permitir que sólo personas cultas, con tiempo y dinero para comprar y leer libros caros, pudiesen tener acceso al verdadero Conocimiento.

—El verdadero camino de la sabiduría puede ser identificado por tres cosas —dijo Petrus—. Primero, debe tener Ágape, y sobre esto te hablaré más tarde; segundo, ha de tener una aplicación práctica en la vida, de lo contrario la sabiduría se vuelve algo inútil y se pudre como una espada que no fue nunca utilizada. Y, finalmente, tiene que ser un camino que pueda recorrer cualquier persona, como el camino que estás recorriendo ahora, el Camino de Santiago.

Caminamos hasta el final de la tarde, y sólo cuando el sol empezó a desaparecer por detrás de las montañas Petrus decidió detenerse otra vez. A nuestro alrededor los picos más altos de los Pirineos brillaban todavía, iluminados por los últimos rayos del día.

Petrus me pidió que limpiara una pequeña superficie en el suelo y me arrodillara ahí.

—La Primera Práctica de RAM es renacer de nuevo. Deberás ejecutarla durante siete días seguidos, tratando de sentir de una manera diferente lo que fue tu primer contacto con el mundo. Sabes cuán difícil fue abandonarlo todo y venir a hacer el Camino de Santiago para buscar una espada; pero esta dificultad sólo surgió porque estabas atado a tu pasado. Ya fuiste derrotado una vez y tienes miedo de serlo de nuevo; conseguiste algo y tienes miedo de volver a perderlo. Sin embargo, prevaleció un sentimiento más fuerte: el deseo de encontrar tu espada. Y decidiste correr el riesgo.

Respondí que sí, pero que continuaba con las mismas preocupaciones a que él se había referido.

—No tiene importancia. El ejercicio, poco a poco, te liberará de las cargas que tú mismo creaste en la vida.

Y Petrus me enseñó la Primera Práctica de RAM: "El Ejercicio de la Semilla."

—Hazlo ahora por primera vez —dijo.

Apoyé mi cabeza entre las rodillas, respiré a fondo y empecé a relajar mi cuerpo. Éste respondió con docilidad, quizá porque había caminado mucho durante el día y yo debía estar extenuado. Empecé a escuchar el ruido de la tierra, un ruido sordo, ronco, y poco a poco fui transformándome en una semilla. No pensaba. Todo era oscuro y estaba adormecido en lo profundo de la tierra. De repente algo se movió. Era una parte de mí, una minúscula parte de mí que quería despertarme; decía que tenía que salir de allí porque había otra cosa "allí arriba". Pensaba dormir, pero esta parte de mí insistía. Comencé por mo-

EL EJERCICIO DE LA SEMILLA

Arrodíllese en el suelo. Siéntese después sobre sus talones y doble el cuerpo de manera que su cabeza quede en sus rodillas. Extienda los brazos para atrás. Quedará, así, en una posición fetal. Ahora descanse y olvide todas las tensiones. Respire con calma y profundamente. Poco a poco notará que es una minúscula semilla, rodeada por el bienestar que da la tierra. Todo es cálido y agradable alrededor. Duerme un sueño tranquilo. De repente, un dedo se mueve. El brote no quiere más ser semilla, quiere nacer. Lentamente, empiece a mover los brazos; después, su cuerpo irá irguiéndose hasta que quedará sentado en sus talones. Ahora comience a levantarse y, lentamente, muy lentamente, estará erecto, de rodillas en el suelo.

Durante este tiempo, imagínese que es una semilla transformándose en brote y rompiendo poco a poco la tierra. Llegó el momento de romper la tierra por completo. Empiece a levantarse lentamente, colocando un pie en el suelo, después el otro, luchando contra el desequilibrio como un brote lucha para encontrar su espacio. Hasta que quede de pie. Imagine el campo a su alrededor, el sol, el agua, el viento, los pájaros. Es un brote que comienza a crecer. Levante muy despacio los brazos en dirección al cielo. Después, extiéndalos cada vez más, cada vez más, como si quisiera agarrar el inmenso sol que brilla sobre su cabeza y le da fuerzas y le atrae. Su cuerpo empieza a quedar cada vez más rígido, sus músculos se tensan todos, mientras crece y crece y se vuelve inmenso. La tensión aumenta tanto que se hace dolorosa, insoportable. Cuando no aguante más, grite y abra los ojos.

Repetir este ejercicio siete días seguidos, siempre a la misma hora.

ver mis dedos, y mis dedos fueron moviendo mis brazos, pero no eran dedos ni brazos, sino un pequeño brote que luchaba por vencer la fuerza de la tierra y caminar en dirección a ese "algo allá arriba". Sentí que el cuerpo empezaba a seguir el movimiento de los brazos. Cada segundo parecía una eternidad, pero la semilla tenía algo "allá arriba" y ella quería nacer, quería saber qué era. Con mucha dificultad, la cabeza y luego el cuerpo comenzaron a levantarse. Todo era demasiado lento y yo tenía que luchar contra la fuerza que me empujaba hacia abajo, en dirección al fondo de la tierra, donde antes yo estaba tranquilo durmiendo mi sueño eterno. Pero fui venciendo, fui venciendo y finalmente rompí algo y ya estaba recto. La fuerza que me empujaba hacia abajo cesó de repente. Ya había roto la tierra y estaba rodeado de ese "algo allá arriba".

Ese "algo allá arriba" era el campo. Sentí el calor del sol, el zumbido de los mosquitos, el ruido de un río que corría a lo lejos. Me levanté lentamente, con los ojos cerrados y pensando a cada momento que iría a perder el equilibrio y volver a la tierra. Pero, sin embargo, seguía creciendo.

Mis brazos se abrieron y mi cuerpo se irguió. Allí estaba yo, renaciendo, queriendo ser bañado por dentro y por fuera por aquel sol inmenso que brillaba y que me pedía que creciera más, que me estirara más para abrazarlo con todas mis ramas. Fui estirando cada vez más los brazos. Los músculos de todo el cuerpo empezaron a dolerme y sentía que tenía mil metros de altura, que podía abrazar las montañas.

El cuerpo fue expandiéndose, expandiéndose, hasta que el dolor muscular se hizo tan intenso que no pude soportarlo más y grité.

Abrí los ojos y Petrus estaba delante de mí, sonriendo

y fumando un cigarrillo. La luz del día todavía no había desaparecido, pero me sorprendí al notar que había tanto sol como imaginara. Le pregunté si quería que le describiera mis sensaciones y él dijo que no.

—Son muy personales y debes guardarlas para ti mismo. ¿Cómo podría yo juzgarlas? Ellas son tuyas y no mías.

Petrus dijo que íbamos a dormir allí mismo. Hicimos una pequeña hoguera, bebimos lo que sobró del vino y preparé algunos bocadillos con un paté de hígado que había comprado antes de llegar a Saint-Jean. Petrus fue hasta el riachuelo que corría allí cerca y trajo algunos pescados que asó en la hoguera. Después, cada cual se acostó en su saco de dormir.

De las grandes emociones que tuve en mi vida, no podré olvidar jamás aquella primera noche en el Camino de Santiago. Hacía frío a pesar del verano. Tenía todavía en la boca el sabor del vino que Petrus me había dado. Miré el cielo. La Vía Láctea se extendía sobre mí, mostrando el inmenso camino que debíamos cruzar. En otros tiempos, esta inmensidad me habría producido una gran angustia, un miedo terrible de no ser capaz de recorrerlo, de saberme demasiado pequeño para ello. Pero hoy yo era una semilla y había nacido de nuevo. Había descubierto que, a pesar del bienestar de la tierra y del sueño que me invadió cuando me sentía dentro de ella, la vida era mucho más bella "allá arriba". Yo podría nacer siempre, cuantas veces quisiese, hasta que mis brazos fueran lo suficientemente grandes como para poder abrazar la tierra de donde yo venía.

El Creador y la criatura

urante seis días, caminamos por los Pirineos, subiendo y bajando montañas, y Petrus pidiéndome que realizara el ejercicio de la semilla cada vez que los rayos del sol iluminaban sólo los picos más altos. Al tercer día de caminata, un marco de cemento pintado de amarillo nos indicó que habíamos cruzado la frontera y que a partir de ahí estábamos pisando tierra española. Petrus fue contándome poco a poco algunas cosas sobre su vida particular: supe que era italiano y que trabajaba en diseño industrial*. Le pregunté si no estaba preocupado con todas las cosas a las que había tenido que renunciar para guiar a un peregrino en busca de su espada.

* Colin Wilson afirma que no existen coincidencias en este mundo; y yo más de una vez pude confirmar la veracidad de esta afirmación. Estaba cierta tarde hojeando algunas revistas en el salón de entrada del hotel donde estaba alojado en Madrid, cuando me llamó la atención un reportaje sobre el premio Príncipe de Asturias, porque un periodista brasileño, Roberto Marinho, había sido uno de los premiados. Al observar con más atención la foto del banquete, me llevé un susto: en una de las mesas, elegantemente vestido de esmoquin, estaba Petrus, descrito en los subtítulos como "uno de los más famosos diseñadores europeos del momento".

—Quiero explicarte una cosa —respondió—. Yo no estoy guiándote hacia tu espada. Sólo de ti depende encontrarla. Estoy aquí para conducirte a través del Camino de Santiago y enseñarte las Prácticas de RAM. Cómo utilizarás esto para encontrar tu espada ya es problema tuyo.

—No has respondido a mi pregunta —dije.

—Cuando uno viaja, siente de una manera muy práctica el acto de Renacer. Se está frente a situaciones nuevas, el día pasa más lentamente y la mayoría de las veces no se comprende ni el idioma que hablan las personas. Exactamente como una criatura que acaba de salir del vientre materno. Con esto, se concede mucha más importancia a las cosas que nos rodean, porque de ellas depende nuestra propia supervivencia. Uno pasa a ser más accesible a las personas, porque ellas podrán ayudarnos en situaciones difíciles. Y recibe con gran alegría cualquier pequeño favor de los dioses, como si eso fuese un episodio para ser recordado el resto de la vida.

"Al mismo tiempo, como todas estas cosas son para nosotros una novedad, uno ve en ellas solamente lo bello y se siente más feliz por estar vivo. Por eso la peregrinación religiosa siempre fue una de las formas más objetivas de conseguir llegar a la iluminación. La palabra *pecado* deriva de *pecus*, que significa pie defectuoso, pie incapaz de recorrer un camino. La forma de corregir el pecado es andando siempre hacia adelante, adaptándose a nuevas situaciones y recibiendo, a cambio, las bendiciones que la vida da con tanta generosidad a los que le piden.

"¿Crees que podría preocuparme por media docena de proyectos que dejé de realizar para estar aquí contigo?

Petrus miró a su alrededor y yo seguí su mirada. En lo

alto de una montaña pastaban algunas cabras. Una de ellas, la más audaz, estaba sobre un pequeño promontorio de una altísima roca y no entendí cómo había llegado allí ni cómo lo haría para bajar. Pero en aquel mismo instante, la cabra dio un salto y, tocando puntos para mí invisibles, se unió a sus compañeras. Todo el entorno reflejaba una paz inquieta, la paz de un mundo que todavía tenía mucho más para crecer y crear, y que sabía que para esto era necesario continuar caminando, siempre caminando. Aun cuando algunas veces un gran terremoto o una tempestad devastadora me dieran la sensación de que la naturaleza era cruel, noté que éstas eran las vicisitudes del sendero. La naturaleza también viajaba en busca de la iluminación.

—Estoy contento de estar aquí —dijo Petrus—. Porque el trabajo que dejé de realizar no cuenta más, y los trabajos que realizaré después de esto serán mucho mejores.

Cuando leí la obra de Castaneda, había deseado mucho encontrar al viejo brujo indio Don Juan. Al ver a Petrus mirando las montañas, me pareció estar con alguien muy parecido.

En la tarde del séptimo día llegamos a lo alto de un monte, después de cruzar un bosque de pinos. Allí, Carlomagno había orado por primera vez en suelo español, y un monumento antiguo pedía, en latín, que por este hecho todos rezasen una salve regina. Los dos hicimos lo que el monumento pedía. Después, Petrus sugirió que hiciera, por última vez, el ejercicio de la semilla.

Corría mucho viento y hacía frío. Alegué que todavía era muy temprano —debían de ser, como mucho, las tres

de la tarde—, pero me respondió que no discutiera y
efectuara exactamente lo que estaba pidiendo.

Me arrodillé en el suelo y empecé a realizar el ejercicio. Todo transcurrió normalmente hasta el momento
que extendí mis brazos y comencé a imaginar el sol.
Cuando llegué a este punto, con el gigantesco sol brillando frente a mí, sentí que caía en un delicioso éxtasis. Mis
memorias de hombre empezaron a borrarse y ya no estaba realizando un ejercicio: me había transformado en
un árbol. Estaba feliz y contento por esto. El sol brillaba
y giraba en torno de sí mismo, algo que no ocurría anteriormente. Quedé allí, las ramas extendidas, las hojas
sacudidas por el viento sin querer salir más de aquella
posición, hasta que algo me alcanzó y en una fracción de
segundo todo quedó a oscuras. Abrí los ojos. Petrus me
había dado una bofetada y me sacudía por los hombros.

—¡No te olvides de tus objetivos! —dijo con rabia—.
¡No olvides que tienes mucho que aprender antes de encontrar tu espada!

Me senté en el suelo, temblando por causa del viento
helado.

—¿Esto ocurre siempre? —pregunté.

—Casi siempre —dijo—. En especial con personas como tú, que se fascinan por detalles y se olvidan de lo que
buscan. Petrus sacó una chaqueta de la mochila y se la
puso. Yo vestí por encima de mi camiseta I LOVE NY
una camisa. Jamás pensé que en un verano que los periódicos calificaron como "el más caluroso de la década"
pudiera hacer tanto frío. Las dos prendas ayudaron a
protegerme del viento y pedí a Petrus que anduviésemos
más rápido para poder calentarme.

El camino era ahora una bajada fácil. Pensé que el frío
excesivo que sentía era por habernos alimentado muy

frugalmente, sólo pescado y frutas silvestres*. Petrus dijo que no y explicó que el frío se debía a que habíamos llegado al punto más alto de la montaña.

No habíamos andado más de quinientos metros cuando, en una curva del camino, el mundo cambió bruscamente. Una gigantesca planicie ondulada se extendía frente a nosotros. A la izquierda, en el camino de bajada, a menos de doscientos metros, un atractivo pueblecito nos esperaba con sus humeantes chimeneas. Comencé a andar más rápido, pero Petrus me detuvo.

—Creo que es el mejor momento para enseñarte la Segunda Práctica de RAM —dijo, sentándose en el suelo e indicando que hiciera lo mismo.

Me senté de mala gana. La visión del pueblo con sus chimeneas humeando me había perturbado mucho. De repente me di cuenta de que desde hacía una semana estábamos en los montes sin ver a nadie, durmiendo a la intemperie y caminando todo el día. Se me habían acabado los cigarrillos y me vi obligado a fumar el horrible tabaco de hebra que Petrus usaba. Dormir dentro de un saco y comer pescado sin condimentos eran cosas que me gustaban mucho cuando tenía veinte años, pero que allí, en el Camino de Santiago, me exigían mucha resignación.

Esperé impaciente que Petrus acabara de preparar y fumar su cigarrillo, en silencio, mientras yo soñaba con el calor de un vaso de vino en el bar que podía ver a menos de cinco minutos de caminata.

---

* Existe una fruta roja, de la cual no sé el nombre, que actualmente sólo con verla me da náuseas de tanto que la comí en mi pasaje por los Pirineos.

Petrus, bien abrigado en su chaqueta, estaba tranquilo y miraba distraído la enorme planicie.

—¿Qué tal la travesía por los Pirineos? —preguntó después de algún tiempo.

—Muy buena —respondí sin querer prolongar la conversación.

—Debe de haber sido muy buena, realmente, porque tardamos seis días en hacer lo que podríamos haber hecho en apenas uno.

No creí en lo que estaba diciendo. Tomó el mapa y me mostró la distancia: diecisiete kilómetros. Incluso andando despacio debido a las subidas y bajadas, aquel camino podría haber sido recorrido en seis horas.

—Estás tan obcecado en llegar hasta tu espada que olvidaste lo más importante: es necesario caminar hasta ella. Mirando fijamente para Santiago, que no puedes ver desde aquí, no notaste que pasamos por determinados lugares cuatro o cinco veces seguidas, sólo que en ángulos diferentes.

Ahora que Petrus lo decía, me di cuenta de que el monte Itchasheguy, el más alto de la región, a veces estaba a mi derecha y a veces a mi izquierda. Cuando noté eso, no fui capaz de llegar a la única explicación posible: habíamos ido y vuelto varias veces.

—Lo único que hice fue utilizar rutas diferentes, aprovechando las huellas abiertas por contrabandistas. Pero, de todas maneras, tenías la obligación de advertirlo.

"Eso ocurrió porque tu acto de caminar no existía. Sólo existía tu deseo de llegar.

—¿Y si lo hubiera advertido?

—Igual habríamos demorado los siete días porque así lo determinan las Prácticas de RAM. Pero por lo menos habrías aprovechado los Pirineos de otra forma.

Estaba tan sorprendido que me olvidé un poco del frío y del pueblecito que teníamos a la vista.

—Cuando se viaja en pos de un objetivo —dijo Petrus—, es muy importante prestar atención al Camino. El Camino es el que nos enseña la mejor forma de llegar y nos enriquece mientras lo estamos cruzando; comparando esto con una relación sexual, diría que son las caricias preliminares las que determinan la intensidad del orgasmo. Cualquiera lo sabe.

"Y así es cuando se tiene un objetivo en la vida; él puede ser mejor o peor, dependiendo del camino que elegimos para alcanzarlo y de la forma como cruzamos este camino. Por eso es tan importante la Segunda Práctica de RAM: descubrir lo que estamos acostumbrados a mirar todos los días. Los secretos que, debido a la rutina, no conseguimos ver.

Y Petrus me enseñó "El Ejercicio de la Velocidad".

—En las ciudades, en medio de nuestros quehaceres diarios, este ejercicio debe ser ejecutado en veinte minutos. Pero como estamos cruzando el Extraño Camino de Santiago, vamos a demorar una hora para llegar hasta el pueblo.

El frío —del que ya me había olvidado— volvió. Miré a Petrus con desesperación, pero él no me hizo caso. Se levantó, recogió la mochila y comenzamos a recorrer aquellos doscientos metros con angustiosa lentitud.

Al principio me quedaba mirando sólo la taberna, un pequeño y antiguo edificio de dos pisos, con un letrero de madera colgado sobre la puerta. Estábamos tan cerca que hasta podía leer la fecha en que había sido construido: 1652. Nos movíamos, pero parecía que no habíamos salido del mismo lugar. Petrus colocaba un pie delante del otro con la máxima lentitud, y yo lo imitaba. Saqué el reloj de la mochila y lo puse en mi brazo.

EL EJERCICIO DE LA VELOCIDAD

Camine durante veinte minutos a mitad de la velocidad a que normalmente acostumbra andar. Preste atención a todos los detalles, personas y paisajes que están a su alrededor. La hora más indicada para hacer este ejercicio es después del almuerzo.

Repetir el ejercicio durante siete días.

—Así será peor, porque el tiempo no es algo que tanscurra al mismo ritmo —afirmó—. Somos nosotros los que determinamos el ritmo del tiempo.

Comencé a mirar el reloj a cada momento y me pareció que Petrus tenía razón. Cuanto más miraba, los minutos más tardaban en pasar. Decidí seguir su consejo y guardé el reloj en el bolsillo. Traté de prestar más atención al paisaje, a la planicie, a las piedras que mis zapatos pisaban, pero cada vez que miraba la taberna, me parecía que no me había movido del lugar.

Pensé contar mentalmente algunas historias, pero el ejercicio me ponía tan nervioso que no lograba concentrarme. Cuando no pude resistir más y saqué de nuevo el reloj del bolsillo sólo habían pasado once minutos.

—No hagas de este ejercicio una tortura, ya que no se concibió para eso —dijo Petrus—. Trata de obtener placer de una velocidad a la cual no estás acostumbrado. Cambiando la forma de hacer las cosas rutinarias, permites que un nuevo hombre crezca dentro de ti. Aunque, en realidad, eres tú quien decide. La gentileza de la frase final me calmó un poco. Si era yo quien decidía qué hacer, entonces era mejor sacar provecho de la situación. Respiré a fondo y traté de no pensar en nada. Desperté en un extraño estado, como si el tiempo fuese algo distante y no me interesase. Poco a poco me fui tranquilizando y comencé a mirar con otros ojos las cosas a mi alrededor. La imaginación, que se mostraba estéril mientras yo estaba tenso, pasó a funcionar a mi favor. Miraba el pueblecito frente a mí y empezaba a crear toda una historia con relación a él: cómo había sido construido, los peregrinos que por allí pasaron, la alegría de encontrar gente y hospedaje después del viento de los Pirineos. En un determinado momento me pareció percibir en la ciudad una presencia fuerte, misteriosa y sabia. Mi imaginación llenó la planicie de caballeros y de combates. Podía ver sus espadas reluciendo al sol y escuchar sus gritos de guerra. El pueblecito no era sólo un lugar para calentar mi alma con un vaso de vino y mi cuerpo con una frazada: era un marco histórico, una obra de hombres heroicos, que lo dejaron todo tras de sí para ir a instalarse en aquellos yermos lugares.

El mundo estaba allí, rodeándome, y noté que muy pocas veces le había prestado atención.

Casi sin darme cuenta, llegamos a la puerta de la taberna. Petrus me invitó a entrar.

—Yo pago el vino —dijo—. Y vamos a dormir temprano porque mañana voy a presentarte a un gran brujo.

Dormí pesadamente y no soñé. Apenas la claridad del día empezó a extenderse por las dos únicas calles de Roncesvalles, Petrus llamó a la puerta de mi cuarto. Estábamos alojados en el piso superior de la taberna, que también servía de hotel.

Tomamos café y pan con aceite. Salimos. Una densa neblina cubría el lugar. Noté que Roncesvalles no era exactamente un pueblo como yo imaginara en un principio; en la época de las grandes peregrinaciones por el Camino, fue el más poderoso monasterio de la región. Y todavía conservaba esas raíces: sus escasos edificios formaban parte de un seminario de religiosos. La única construcción de características "laicas" era la taberna donde nos habíamos alojado.

Caminamos a través de la neblina y entramos en la iglesia Colegial. Ahí dentro, ataviados con casullas blancas, varios sacerdotes concelebraban la primera misa matinal. Me di cuenta de que no entendía ni una palabra, pues estaban rezando en vasco. Petrus se sentó en uno de los bancos más alejados y me pidió que me quedara a su lado.

La iglesia era enorme, con objetos de arte de incalculable valor. Petrus me explicó que había sido construida con donaciones de reyes y reinas de Portugal, España, Francia y Alemania en el lugar que el emperador Carlomagno había marcado previamente. En el altar mayor, la Virgen de Roncesvalles, chapada de plata, sostiene en las manos un ramo de flores hecho de pedrería. El olor del incienso, la construcción gótica, los sacerdotes con sus casullas blancas, los cánticos, todo ello me dejó en un estado muy semejante a los trances que sentía durante los rituales de la Tradición.

—¿Y el brujo? —pregunté, acordándome de lo que habíamos conversado la tarde anterior.

Petrus hizo un gesto con la cabeza y señaló hacia un sacerdote de mediana edad, delgado y con gafas, que estaba sentado junto con otros monjes en los largos bancos situados a los lados del altar mayor. ¡Brujo y sacerdote! Estaba deseando que la misa terminara pronto pero, como me dijo Petrus el día anterior, somos nosotros quienes determinamos el ritmo del tiempo. Mi ansiedad hizo que la ceremonia religiosa tardara todavía más de una hora.

Cuando la misa terminó, Petrus me dejó solo en el banco y se retiró por la misma puerta por donde habían salido los sacerdotes. Me quedé un rato contemplando la iglesia, sintiendo que debía rezar algún tipo de oración, pero no logré concentrarme en nada. Las imágenes parecían distantes, pertenecientes a un pasado que no volvería más, como jamás volvería la época de oro del Camino de Santiago.

Petrus apareció en la puerta. Sin decir palabra, me hizo una seña para que lo siguiera.

Llegamos a un jardín interior del convento, rodeado por grandes bloques de piedra. En el centro había una fuente y, sentado en el borde, nos esperaba el sacerdote de las gafas.

—Padre Jorge, éste es el peregrino —me presentó Petrus.

El padre me tendió la mano y lo saludé. Nadie dijo nada. Esperé que ocurriera algo, pero sólo se escuchaba el sonido de los gallos que cantaban a lo lejos y los gavilanes saliendo en busca de la caza diaria.

El padre me miraba sin ninguna expresión, una mirada parecida a la de Mme. Lawrence cuando le dije la Palabra Antigua. Finalmente, después de un largo e incómodo silencio, el padre Jorge habló.

—Parece que subiste los escalones de la Tradición demasiado temprano.

Respondí que ya tenía treinta y ocho años y que había pasado con éxito todas las ordalías*.

—Menos la última y la más importante —dijo, manteniendo inexpresiva su mirada—. Y, sin ella, todo lo que aprendiste no significa nada.

—Es por eso que estoy haciendo el Camino de Santiago.

—Lo que no es garantía de nada. Ven conmigo.

Petrus se quedó en el jardín. Seguí al padre Jorge. Cru-

---

* Ordalías son pruebas rituales, donde vale no sólo la dedicación del discípulo, sino también los presagios que surgen durante su ejecución.

zamos los claustros, pasamos por el lugar donde se guarda el sepulcro de Sancho el Fuerte, y llegamos a una pequeña capilla, retirada del grupo de edificios principales que forman el monasterio de Roncesvalles.

En el interior sólo había una mesa, un libro y una espada. Pero no era la mía.

El padre Jorge se sentó detrás de la mesa. Yo me quedé de pie. Después tomó algunas hierbas y, prendiéndoles fuego, llenó de perfume el ambiente. La situación me recordaba, cada vez más, el encuentro con Mme. Lawrence.

—Primero te daré un aviso —dijo el padre Jorge—. La Ruta Jacobea es sólo uno de los cuatro caminos. Es el Camino de la Espada. Puede traerte Poder, pero no es suficiente.

—¿Cuáles son los otros tres?

—Conoces por lo menos dos. El Camino de Jerusalén, que es el Camino de Copas o del Graal, te dará la capacidad de hacer milagros; y el Camino de Roma o Camino de Bastos, que te permite la comunicación con otros mundos.

—Falta el Camino de Oros para completar las cuatro cartas de la baraja —dije en tono de humor.

Y el padre Jorge rió.

—Exactamente. Éste es el camino secreto que, si algún día lo realizas, no podrás contarlo a nadie. Por ahora, dejemos esto de lado. ¿Dónde están tus vieiras?

Abrí la mochila y saqué las conchas con la imagen de Nuestra Señora de Aparecida. Las colocó sobre la mesa, extendió las manos sobre ellas y empezó a concentrarse. Me pidió que hiciera lo mismo. El perfume ambiental era cada vez más intenso. Tanto el padre como yo estábamos con los ojos muy abiertos; de pronto pude notar que estaba ocurriendo el mismo fenómeno que había visto en

Itatiaia: las conchas brillaban con una luz que no ilumina. El brillo fue haciéndose cada vez más intenso, y oí una voz misteriosa que, saliendo de la garganta del padre Jorge, decía:

—Donde se encuentre tu tesoro, allí estará tu corazón.

Era una frase de la Biblia. La voz continuó:

—Y donde se encuentre tu corazón, allí estará la cuna de la Segunda Venida de Cristo; como estas conchas, el peregrino en la Ruta Jacobea es sólo la cáscara, que es Vida, que al romperse aparece la Vida que está hecha de Ágape.

Retiró las manos y las conchas cesaron de brillar. Después escribió mi nombre en el libro que estaba sobre la mesa. En todo el Camino vi sólo tres libros en los que fuera escrito mi nombre: el de Mme. Lawrence, el del padre Jorge y el libro del Poder, donde más tarde yo mismo escribiría mi nombre.

—Se acabó —dijo—. Puedes partir con la bendición de la Virgen de Roncesvalles y de Santiago de la Espada.

—La Ruta Jacobea está marcada por puntos amarillos pintados en toda España —dijo el padre mientras volvíamos al lugar donde dejara a Petrus—. Si en algún momento te perdieras, busca estas marcas: en los árboles, en las piedras, en los postes de señalización, y serás capaz de encontrar un lugar seguro.

—Tengo un buen guía.

—Sí, lo sé. Pero intenta principalmente contar contigo mismo, para no tener que ir y venir por los Pirineos durante seis días.

¡Entonces el padre ya sabía la historia!

Llegamos junto a Petrus y nos despedimos. Salimos de Roncesvalles por la mañana. La neblina ya había desaparecido por completo. Un camino recto y llano se extendía ante nosotros y comencé a ver las marcas amarillas de las que el padre Jorge había hablado. La mochila pesaba algo más debido a una botella de vino que había comprado en la taberna, a pesar de que Petrus opinara que no era necesario. A partir de Roncesvalles encontraríamos muchos pueblecitos. Muy pocas veces necesitaríamos dormir a la intemperie.

—Petrus, el padre Jorge se refirió a la Segunda Venida de Cristo como si fuera algo que está ocurriendo.

—Está siempre ocurriendo. Éste es el secreto de tu espada.

—Además, dijiste que me encontraría con un brujo y me encontré con un sacerdote. ¿Qué tiene que ver la magia con la Iglesia católica?

—Todo.

La crueldad

Habíamos caminado durante cinco días, deteniéndonos sólo para comer y dormir. Petrus seguía manteniendo bastante reserva acerca de su vida particular, pero indagaba mucho acerca de Brasil y respecto a mi trabajo. Dijo que le gustaba mucho mi país, porque la imagen que más conocía y le emocionaba era el Cristo Redentor en el Corcovado, de brazos abiertos y no torturado en la cruz. Quería saber de todo, y de vez en cuando preguntaba también si las mujeres eran tan bonitas como las de aquí.

El calor durante el día era casi insoportable. En todos los bares y pueblos donde llegamos, las personas se quejaban de la sequía. Debido al calor, dejamos de caminar entre dos y cuatro de la tarde, y nos adaptamos a la costumbre española de la siesta.

Aquella tarde, mientras descansábamos en medio de un olivar, un viejo campesino se nos aproximó, ofreciéndonos un poco de vino. El hábito de beber vino está muy arraigado, desde hace siglos, en los habitantes de aquellas zonas.

—Allí, exactamente en aquel lugar, el Amor fue asesinado —dijo el viejo campesino señalando una pequeña ermita enclavada en las rocas.

—¿Y por qué el Amor fue asesinado allí? —pregunté, ya que el anciano parecía con muchas ganas de conversar.

—Muchos siglos atrás, una princesa que hacía el Camino de Santiago, Felicia de Aquitania, decidió renunciar a todo y quedarse a vivir aquí cuando volvía de Compostela. Era el verdadero Amor, porque dividió sus bienes entre los pobres de la región y cuidaba de los enfermos.

Petrus había prendido un cigarrillo, pero a pesar de su aire indiferente, noté que prestaba atención a la historia del anciano. Éste prosiguió:

—Entonces su hermano, el duque Guillermo, fue mandado por el padre para traerla de vuelta. Pero Felicia rehusó. Desesperado, en un momento de total ofuscación, el duque la asesinó dentro de la pequeña ermita que ella construyó con sus propias manos para cuidar de los pobres y alabar a Dios.

"Cuando se dio cuenta de lo que había hecho, el duque fue a Roma a pedir perdón al papa. Fue entonces cuando algo extraño ocurrió, pues al regresar aquí sintió el mismo impulso y se quedó a vivir en la ermita que su hermana había construido, cuidando de los pobres hasta los últimos días de su larga vida.

—Ésta es la Ley del Retorno —rió Petrus.

El campesino no entendió el comentario, pero yo sabía perfectamente lo que estaba diciendo.

Mientras caminábamos, manteníamos largas discusiones teológicas sobre la relación de Dios con los hombres. Argumenté que en la Tradición existe siempre un envolvimiento con Dios, pero el camino era completamente distinto de aquel que seguíamos en la Ruta Jacobea, con sacerdotes brujos, gitanos demoníacos y santos milagrosos. Todo aquello me parecía muy primitivo, demasiado ligado al cristianismo y sin la fascinación y el éxtasis que los Rituales de la Tradición eran capaces de provocar en mí. Petrus siempre decía que el Camino de Santiago es un camino por donde cualquier persona puede pasar, y sólo un camino así puede llevar hasta Dios.

—Tú crees que Dios existe y yo también lo creo así —había dicho Petrus—. Entonces, Dios existe para nosotros. Pero si alguien no cree en Él, no deja de existir, ni esa persona está equivocada.

—Entonces, ¿Dios está limitado al deseo y al poder del hombre?

—Cierta vez tuve un amigo que vivía borracho, pero que rezaba todas las noches tres avemarías porque su madre lo había condicionado desde niño. Aunque llegara a casa totalmente ebrio, sin creer en Dios, mi amigo siempre rezaba las tres avemarías. Cuando murió, durante un ritual de la Tradición pregunté al espíritu de los Antiguos dónde estaba mi amigo. El espíritu de los Antiguos respondió que él estaba muy bien, cercado de luz. Sin tener fe durante la vida, su obra, que consistía apenas en las tres oraciones rezadas por obligación y automáticamente, lo habían salvado.

"Dios ya estaba presente en las cavernas y en los truenos de nuestros antepasados; después de que el hombre descubriera que estas cosas eran fenómenos naturales, Dios pasó a habitar en los animales y en los bosques sagrados. Hubo una época en que sólo existió en las catacumbas de las grandes ciudades de la Historia antigua, pero durante todo este tiempo Él no dejó de fluir en el corazón del Hombre en la forma del Amor.

"Hoy día, Dios es sólo un concepto casi probado científicamente. Pero cuando llega a este punto, la Historia da una vuelta y comienza todo de nuevo. La Ley del Retorno. Cuando el padre Jorge citó la frase de Cristo diciendo que donde se encuentre tu tesoro, allí estará tu corazón, se refería exactamente a esto. Donde desees ver la faz de Dios, la verás. Y si no quieres verla, no importa lo más mínimo, siempre que tu obra sea buena. Cuando Felicia de Aquitania construyó la ermita y pasó a ayudar a los pobres, ella se olvidó del Dios del Vaticano y pasó a reflejarlo en su forma más primitiva y más sabia: el Amor. En este punto, el campesino tiene toda la razón al decir que el Amor fue asesinado.

A todo esto, el campesino se sentía muy incómodo, incapaz de seguir nuestra conversación.

—La Ley del Retorno se cumplió cuando su hermano se vio impulsado a continuar la obra que había interrumpido. Todo está permitido, menos interrumpir una manifestación de Amor. Cuando esto ocurre, quien intenta destruir está obligado a reconstruir.

Expliqué que en mi país la Ley del Retorno decía que las deformaciones y enfermedades de los hombres eran castigos por errores cometidos en reencarnaciones pasadas.

—Tonterías —dijo Petrus—. Dios no es venganza, Dios es Amor. El único castigo que impone consiste en obligar a todo aquel que interrumpe una obra de Amor, a continuarla.

El campesino pidió permiso para retirarse, diciendo que era tarde y necesitaba volver al trabajo. A Petrus le pareció un buen pretexto para que nos levantáramos y continuásemos nuestro camino.

—Esto es hablar en balde —dijo mientras seguíamos por el campo de olivos—. Dios está en todo cuanto nos rodea y debe ser presentido, vivido; y yo estoy aquí tratando de transformarlo en un problema de lógica para que tú comprendas. Continúa haciendo el ejercicio de andar despacio e irás notando cada vez más su presencia.

Dos días después tuvimos que subir un monte llamado Alto del Perdón. La subida nos ocupó varias horas y, cuando llegamos a la cima, vi una escena que me sorprendió: un grupo de turistas, con la radio de los coches a todo volumen, tomaba el sol y bebía cerveza. Habían utilizado una carretera secundaria que conducía a la cima del monte.

—Así es —dijo Petrus—: ¿O acaso creías encontrar aquí arriba a uno de los guerreros del Cid vigilando el próximo ataque de los moros?

Mientras bajábamos, hice por última vez el Ejercicio de la Velocidad. Estábamos ante otra enorme planicie bordeada de azulados montes y con una vegetación rastrera quemada por la sequía. Casi no había árboles. El terreno era pedregoso y con algunos espinos. Al final del ejercicio, Petrus me preguntó algo sobre mi trabajo y sólo entonces me di cuenta de que hacía mucho tiempo que no pensaba en eso. Mis preocupaciones con los negocios, con lo que había dejado de hacer, prácticamente dejaron de existir. Sólo me acordaba de estas cosas por las noches, y aun así les daba poca importancia. Estaba contento de estar allí, haciendo el Camino de Santiago.

—En cualquier momento harás como Felicia de Aquitania —bromeó Petrus después de haber comentado cómo me sentía.

Luego se detuvo y me pidió que dejara la mochila en el suelo.

—Mira a tu alrededor y fija la vista en un punto cualquiera, a tu elección —dijo.

Escogí la cruz de la iglesia que se divisaba a lo lejos.

—Mantén tu mirada fija en ese punto y concéntrate sólo en lo que te diré. Aunque sientas algo diferente, no te distraigas. Haz como te digo.

Quedé de pie, relajado y con la mirada fija en la torre. Petrus se colocó detrás de mí y presionó un dedo en la base de mi nuca.

—El camino que estás haciendo es el camino del Poder, y sólo los ejercicios de Poder te serán enseñados. El viaje, que antes era una tortura porque sólo querías llegar, ahora comienza a transformarse en placer, en el placer de la búsqueda y de la aventura. Con esto estás alimentando algo muy importante: tus sueños.

"El hombre nunca puede cesar de soñar. El sueño es el alimento del alma, como la comida lo es del cuerpo. Muchas veces, en nuestra existencia, vemos nuestros sueños deshechos y nuestros deseos frustrados, pero es necesario continuar soñando, pues de lo contrario nuestra alma muere y Ágape entra en ella. Mucha sangre fue derramada en el campo que está delante de tus ojos y allí se libraron algunas de las batallas más crueles de la Reconquista. Quién tenía la razón o estaba en la verdad, carece de importancia. Lo importante es saber que ambos bandos estaban entablados en el Buen Combate.

"El Buen Combate es aquel emprendido porque nuestro corazón lo pide. En épocas heroicas, en tiempos de los caballeros andantes, esto era fácil; había mucha tierra por conquistar y mucho por hacer. Hoy día, sin embargo, el mundo ha cambiado mucho y el Buen Combate se desplazó de los campos de batalla al interior de nosotros mismos.

"El Buen Combate es aquel entablado en nombre de nuestros sueños. Cuando explotan dentro de nosotros, con todo su vigor, en la juventud, tenemos mucho coraje pero todavía no hemos aprendido a luchar. Después de mucho esfuerzo, hemos aprendido a luchar pero ya no tenemos el mismo coraje para combatir. Por eso, nos volvemos contra nosotros mismos y pasamos a ser nuestro peor enemigo. Decimos que nuestros sueños eran infantiles, difíciles de realizar o fruto de nuestra ignorancia de las realidades de la vida. Matamos nuestros sueños porque tenemos miedo de entablar el Buen Combate.

La presión del dedo de Petrus en mi nuca se hizo más intensa. Me pareció que la torre de la iglesia se transformaba. El contorno de la cruz parecía un hombre con alas, un ángel. Pestañeé y la cruz volvió a ser lo que era.

—El primer síntoma de que estamos matando nuestros sueños es la falta de tiempo —continuó Petrus—. Las personas más ocupadas que he conocido en la vida siempre tenían tiempo para todo. Las que nada hacían estaban siempre cansadas, no conseguían realizar el poco trabajo que tenían y se quejaban constantemente de que el día era demasiado corto. En verdad, tenían miedo de enfrentarse con el Buen Combate.

"El segundo síntoma de la muerte de nuestros sueños son nuestras certezas. Porque no queremos considerar la vida como una gran aventura para ser vivida. Pasamos a juzgarnos sabios, justos, correctos en lo poco que pedimos de la existencia. Miramos más allá de las murallas y escuchamos el ruido de lanzas que se rompen, el olor de sudor y de pólvora, las grandes caídas y las miradas sedientas de conquistas de los guerreros. Pero nunca notamos la alegría, la inmensa alegría que está en el corazón de quien está luchando, porque para ellos no importan ni la victoria ni la derrota, importa sólo participar del Buen Combate.

"Finalmente, el tercer síntoma de la muerte de nuestros sueños es la paz. La vida pasa a ser una tarde de domingo, sin pedirnos cosas importantes y sin exigirnos más de lo que queremos dar. Creemos entonces que ya estamos maduros; abandonamos las fantasías de la infancia y conseguimos realizarnos personal y profesionalmente. Nos sorprendemos cuando alguien de nuestra edad dice que quiere todavía esto o aquello de la vida. Pero, en verdad, en lo íntimo de nuestro corazón, sabemos que lo que ocurrió fue que renunciamos a luchar por nuestros sueños, a entablar el Buen Combate.

La torre de la iglesia se transformaba a cada instante, y en su lugar parecía surgir un ángel con las alas abiertas. Por más que pestañeara, la figura permanecía allí. Tuve ganas de hablar con Petrus, pero sentí que él todavía no había terminado.

—Cuando renunciamos a nuestros sueños y encontramos la paz —prosiguió después de algún tiempo—, tenemos un pequeño período de tranquilidad. Pero los sueños muertos comienzan a pudrirse dentro de nosotros e infectan todo el ambiente en que vivimos. Empezamos a ser crueles con los que nos rodean y finalmente pasamos a dirigir esta crueldad contra nosotros mismos. Surgen las enfermedades y las psicosis. Lo que queríamos evitar en el combate —la decepción y la derrota— pasa a ser el único legado de nuestra cobardía. Y llega un bello día en que los sueños muertos y podridos vuelven el aire tan difícil de respirar que pasamos a desear la muerte, la muerte que nos libre de nuestras certezas, de nuestras ocupaciones y de aquella terrible paz de las tardes de domingo.

Ahora estaba seguro de estar viendo un ángel y no pude seguir escuchando las palabras de Petrus. Él debió de notarlo, pues retiró el dedo de mi nuca y dejó de hablar. La imagen del ángel permaneció durante unos instantes y después desapareció.

En su lugar veía de nuevo la torre de la iglesia.

Nos quedamos algunos minutos en silencio. Petrus lió un cigarrillo y empezó a fumar. Saqué de la mochila la botella de vino y bebí un trago. Estaba caliente pero conservaba su excelente sabor.

—¿Qué has visto? —preguntó.

Le conté la historia del ángel. Dije que en un comienzo, cuando pestañeaba, la imagen desaparecía.

—Tienes también que aprender a afrontar el Buen Combate. Ya aprendiste a aceptar las aventuras y los desafíos de la vida, pero sigues queriendo negar lo extraordinario.

Petrus sacó de la mochila un pequeño objeto y me lo pasó. Era un alfiler de oro.

—Es un regalo de mi abuelo. En la Orden de RAM, todos los Antiguos poseían un objeto como éste. Se llama "El Punto de la Crueldad". Cuando viste al ángel aparecer en la torre de la iglesia, quisiste negarlo, porque era algo a lo cual no estabas acostumbrado. En tu visión del mundo, las iglesias son iglesias, y las visiones sólo pueden suceder en los éxtasis provocados por los Rituales de la Tradición.

Respondí que mi visión pudo ser efecto de la presión que él ejercía en mi nuca.

—Correcto, pero no cambia nada. El hecho es que rechazaste la visión. Felicia de Aquitania quizá vio algo parecido y apostó toda su vida en lo que vio: el resultado es que transformó su obra en Amor. Lo mismo debió de haber sucedido con su hermano. Y lo mismo ocurre con todo el mundo, todos los días; siempre vemos el mejor camino por seguir, pero sólo andamos por el camino al que ya estamos acostumbrados.

Petrus reanudó el camino y yo lo seguí. Los rayos del sol hacían brillar el alfiler de mi mano.

—La única manera de salvar nuestros sueños es siendo generosos con nosotros mismos. Cualquier tentativa de autocastigo, por sutil que sea, debe ser tratada con rigor. Para saber cuándo estamos siendo crueles con nosotros mismos, tenemos que transformar en dolor físico cualquier tentativa de dolor espiritual, como culpa, remordimiento, indecisión o cobardía. Transformando un dolor espiritual en dolor físico, sabremos el mal que puede causarnos.

Y Petrus me enseñó "El Ejercicio de la Crueldad".

—Antiguamente usaban para esto un alfiler de oro —dijo—. Hoy día las cosas cambiaron, como cambian los paisajes del Camino de Santiago.

Petrus tenía razón. Frente a mí, vista desde abajo, la planicie parecía una cadena de montañas.

—Piensa en algo cruel que hiciste hoy contigo mismo y ejecuta el ejercicio.

No conseguí acordarme de nada.

—Así es siempre. Sólo conseguimos ser generosos con nosotros mismos en las pocas horas que necesitamos de severidad.

De repente recordé que me había juzgado idiota por subir al Alto del Perdón con tanta dificultad, mientras aquellos turistas lo habían hecho por el camino más fácil. Sabía que no era verdad, que estaba siendo cruel con-

EL EJERCICIO DE LA CRUELDAD

Cada vez que pase por su cabeza un pensamiento que le haga mal: celos, autocompasión, sufrimientos de amor, etc., proceda de la siguiente manera:
Clave la uña de su dedo índice en la raíz de la uña del pulgar hasta que el dolor sea muy intenso. Concéntrese en ese dolor: él estará reflejando en el campo físico el mismo sufrimiento que está teniendo en el campo espiritual. Sólo afloje la presión cuando el pensamiento se aleje de su mente.
Repita el ejercicio cuantas veces sean necesarias, aunque sea una y otra vez, hasta que el pensamiento lo abandone. Cada vez el pensamiento volverá más espaciadamente y desaparecerá por completo si cada vez que aparezca no deja de clavar la uña.

migo mismo; los turistas querían y buscaban sol y yo estaba en busca de mi espada. Yo no era un idiota y, sin embargo, me sentía como tal. Hundí con fuerza la uña del índice en la raíz de la uña del pulgar. Sentí un intenso dolor, y mientras me concentraba en este dolor, la sensación de que era un idiota pasó.

Lo comenté con Petrus, y él rió sin decir nada.

Aquella noche nos quedamos en un acogedor hotel del pequeño pueblo cuya iglesia había visto a lo lejos. Después de cenar decidimos dar un paseo por las calles para hacer la digestión.

—De todas las formas que el hombre discurrió para hacerse daño a sí mismo, la peor de todas fue el Amor. Siempre estamos sufriendo por alguien que no nos ama, por alguien que nos abandonó, por alguien que quiere dejarnos. Si permanecemos solteros es porque nadie nos quiere; si estamos casados, transformamos el matrimonio en esclavitud. Terrible —concluyó malhumorado.

Llegamos a una plaza donde estaba la iglesia que yo había visto. Era pequeña y sin grandes sofisticaciones arquitectónicas. Su campanario se elevaba al cielo. Intenté ver de nuevo al ángel, pero mi intento fue en vano: no vi nada.

Petrus se quedó observando la cruz. Me pareció que estaba viendo el ángel, pero no era así. En seguida empezó a hablar conmigo.

—Cuando el Hijo del Padre bajó a la tierra, trajo el Amor. Pero como la Humanidad sólo podía entender el Amor con sufrimiento y sacrificios, terminaron por crucificarlo. De no haber sido así, nadie creería en su amor, ya que todos estaban acostumbrados a sufrir diariamente con sus propias pasiones.

Nos sentamos en la vereda y continuamos mirando la iglesia. De nuevo fue Petrus quien rompió el silencio.

—¿Sabes lo que significa Barrabás, Paulo? BAR significa hijo, y ABBA significa padre.

Miraba fijamente la cruz del campanario. Sus ojos brillaban y sentí que estaba poseído de algo, tal vez por este amor del cual tanto hablaba y que yo no conseguía entender del todo.

—¡Cuán sabios eran los designios de la gloria divina! —dijo, haciendo que su voz resonara en la plaza vacía—. Cuando Pilatos pidió a la multitud que decidiese, en verdad no le dio opción. Mostró un hombre flagelado, destruido, y a otro hombre de cabeza erguida: Barrabás, el revolucionario. Dios sabía que el pueblo mandaría al más débil a la muerte, para que él pudiera probar su amor. Y, sin embargo, cualquiera que hubiese sido el resultado de la elección, el Hijo del Padre acabaría siendo crucificado.

El mensajero

Y aquí, todos los caminos de Santiago se transforman en uno solo."

Era por la mañana, muy temprano, cuando llegamos a Puente la Reina. La frase, escrita en la base de una estatua —un peregrino con atuendo medieval, sombrero de tres picos, capa, vieiras, el bordón con la calabaza en la mano—, recordaba la epopeya de un viaje ya olvidado y que yo y Petrus estábamos ahora reviviendo.

Pasamos la noche anterior en uno de los muchos conventos que se extendían por todo el Camino. El hermano portero que nos recibió nos avisó que no podíamos hablar ni media palabra dentro de los muros de la abadía. Un joven fraile nos acompañó a nuestras respectivas alcobas, donde sólo había lo estrictamente necesario: una cama dura con sábanas viejas pero limpias; una jarra con agua y una jofaina para el aseo personal. No había cañerías ni agua caliente. El horario de las comidas estaba marcado detrás de la puerta.

A la hora indicada, bajamos al comedor. Debido al voto de silencio, los monjes se comunicaban sólo con miradas, y tuve la impresión de que sus ojos brillaban más que los de una persona común. La comida fue servida temprano en las largas mesas a las que nos sentamos junto a los monjes de hábito color marrón. Desde el lugar donde estaba, Petrus me hizo una seña y yo entendí perfectamente lo que quería decir: estaba ansioso por encender un cigarrillo, pero, por lo visto, iba a pasar la noche entera sin satisfacer su deseo. Lo mismo ocurría conmigo, y clavé la uña en la raíz del pulgar, casi en carne viva. El momento era demasiado bello para cometer cualquier crueldad conmigo mismo. Nos sirvieron la comida: sopa de legumbres, pescado y vino. Todos rezaron y nosotros acompañamos la oración. Después, mientras comíamos, un monje lector leía con monótona voz versículos de una epístola de san Pablo:

—"Dios escogió las cosas locas del mundo para avergonzar a los sabios, y escogió las cosas débiles del mundo para humillar a los fuertes —recitaba el monje con voz fina y sin inflexiones—. Somos locos por causa de Cristo. Hasta hoy fuimos considerados la basura del mundo, la escoria de todos. Sin embargo, el Reino de Dios no consiste en palabras sino en Poder."

Las advertencias de Pablo a los corintios retumbaron durante toda la cena en las mudas paredes del comedor.

Entramos en Puente la Reina conversando sobre los monjes de la noche anterior. Confesé a Petrus que había fumado a escondidas en el cuarto, temblando de miedo por si alguien olía el humo del tabaco. Se rió y su risa me hizo pensar que él debió de hacer lo mismo.

—San Juan Bautista fue al desierto, pero Jesús se juntó a los pecadores y vivía viajando —dijo—. Lo prefiero así.

En efecto, fuera del tiempo pasado en el desierto, Cristo pasó el resto de su vida entre los hombres.

—Incluso su primer milagro no fue salvar el alma de alguien ni curar una enfermedad o expulsar un demonio, sino transformar agua en excelente vino durante una ceremonia de casamiento porque la bebida del dueño de la casa se había acabado.

Cuando terminó de decir esto, se detuvo tan repentinamente que su brusco movimiento me asustó. Estábamos frente al puente que da nombre al pueblo. Petrus, sin embargo, no miraba el camino que teníamos que cruzar. Prestaba atención a dos niños que jugaban con una pelota de goma en la orilla del río. Tendrían entre ocho y diez años y, al parecer, no habían notado nuestra presencia. En vez de cruzar el puente, Petrus bajó por el barranco y se aproximó a los dos chicos. Yo, como siempre, lo seguí sin hacer preguntas.

Los niños continuaron ignorando nuestra presencia. Petrus se sentó y fue siguiendo el juego hasta que la pelota cayó cerca de donde él estaba. Con un rápido movimiento, agarró el balón y me lo lanzó.

Lo tomé en el aire y quedé esperando para ver qué sucedería. Uno de los chicos, que parecía ser el mayor, se aproximó. Mi primer impulso fue devolverle el balón, pero el comportamiento de Petrus había sido tan extravagante que quise saber lo que estaba ocurriendo.

—Devuélvame la pelota, señor —dijo el chico.

Miré aquella pequeña figura a dos metros de mí. Noté que había algo familiar en él, el mismo sentimiento que me inspirara el gitano cuando tuve el encuentro con él.

El niño insistió varias veces, y viendo que yo no le respondía, se agachó y tomó una piedra.

—Deme la pelota o le tiro esta piedra —dijo.

Petrus y el otro niño me observaban en silencio. La agresividad del chico me irritó.

—Tira la piedra —respondí—. Si ella me alcanza, te agarro y te doy una buena paliza.

Sentí que Petrus respiró aliviado.

Había algo que pugnaba por salir del fondo de mi mente. Tenía la firme convicción de que ya había vivido aquella escena.

El chico se asustó con mis palabras y soltó la piedra. Probó de otro modo.

—Aquí en Puente la Reina existe un relicario que perteneció a un peregrino muy rico. Por la concha y la mochila, veo que también ustedes son peregrinos. Si me devuelve la pelota, le daré el relicario. Está escondido en la arena, aquí, en las márgenes del río.

—Prefiero la pelota —respondí sin mucha convicción.

En verdad, lo que quería era el relicario. Pero tal vez Petrus quisiera esa pelota por algún motivo y yo no podía decepcionarlo; era mi guía.

—Señor, usted no necesita esta pelota —dijo el chico, casi al borde de las lágrimas—. Usted es fuerte y conoce el mundo. Yo sólo conozco las márgenes de este río, y mi único juguete es esa pelota. ¡Devuélvamela, por favor!

Las palabras del niño tocaron fondo en mi corazón. Pero el ambiente extrañamente familiar, la sensación de ya haber leído o vivido aquella situación, me hizo resistir un poco más.

—No. Necesito esta pelota. Te daré dinero para que compres otra, mucho más bonita, pero ésta es mía.

Cuando acabé de decir esto, el tiempo pareció detenerse. Sin que Petrus estuviera presionando su dedo en mi nuca, el paisaje a mi alrededor se transformó. En una fracción de segundo parecía que habíamos sido transportados a un grande y amedrentador desierto ceniciento. Allí no estaban Petrus ni el otro chico. Sólo yo, y el niño frente a mí. Sus rasgos eran simpáticos y amigables, pero había algo en sus brillantes ojos que me daba miedo.

La visión duró sólo un segundo. Al instante siguiente estaba otra vez en Puente la Reina, donde los caminos de Santiago convergen en uno solo. Frente a mí, un niño pedía una pelota. Tenía la mirada dulce y triste.

Petrus se aproximó, tomó la pelota de mis manos y se la devolvió al chico.

—¿Dónde está escondido el relicario? —le pregunté.

—¿Qué relicario? —respondió mientras tomaba a su amigo de la mano y corría alejándose de nosotros y tirándose al agua.

Subimos de nuevo el barranco y finalmente cruzamos el puente. Empecé a hacer preguntas sobre lo que había ocurrido; hablé de la visión del desierto, pero Petrus cambió de tema y dijo que conversaríamos sobre eso cuando estuviéramos un poco más lejos de allí.

Media hora más tarde llegamos a un trecho del camino que todavía conservaba vestigios de la presencia de los romanos. Había allí un puente en ruinas y nos sentamos para tomar el desayuno que los monjes nos habían preparado: pan de centeno, yogur y queso de cabra.

—¿Para qué querías la pelota del chico? —preguntó Petrus.

Respondí que no quería la pelota, que había actuado así porque él, Petrus, se había comportado de una forma extraña, como si la pelota fuera una cosa importante para él.

—Y de hecho lo fue. Te hizo trabar un contacto victorioso con tu demonio personal.

—¿Mi demonio personal?

Yo nunca había oído hablar de semejante absurdo durante toda aquella caminata. Pasé seis días yendo y viniendo en los Pirineos; conocí a un sacerdote brujo que no hizo ninguna brujería; mi dedo estaba en carne viva porque siempre que pensaba algo cruel sobre mí mismo —hipocondría, sentimiento de culpa o complejo de inferioridad— era obligado a clavar mi uña en la herida. En este punto Petrus tenía razón: los pensamientos negativos habían disminuido considerablemente. Pero esta historia de un demonio personal era algo de lo que nunca había oído hablar antes, y que no aceptaría con tanta facilidad.

—Hoy, antes de cruzar el puente, sentí con increíble intensidad la presencia de alguien queriendo darnos un aviso. Pero el aviso era más para ti que para mí. Una lucha se aproxima, y es preciso hacer frente al Buen Combate.

"Cuando no se conoce el demonio personal, él acostumbra manifestarse en la persona más próxima. Miré a mi alrededor y vi los niños jugando. Deduje que era ahí donde daría su aviso. Era sólo una corazonada, y tuve la certeza de que era tu demonio personal cuando te negaste a devolver la pelota.

Le dije que había reaccionado así porque pensé que era eso lo que él quería.

—¿Por qué yo? En ningún momento dije nada.

Empecé a sentirme mareado. Tal vez fuese por la comida que vorazmente consumía después de casi una hora de caminar en ayunas. Al mismo tiempo, tenía la sensación de que el chico me era familiar.

—Tu demonio personal te tentó de tres formas clásicas: con una amenaza, con una promesa y atacando tu lado frágil. Te felicito: resististe bravamente.

Ahora recordaba que Petrus le preguntó al chico por el relicario. En ese momento pensé que el niño quería engañarme. Pero tal vez existiera realmente un relicario escondido por allí. Un demonio nunca hace falsas promesas.

—Cuando el chico no pudo acordarse más del relicario era porque tu demonio personal ya había partido. —Y añadió sin pestañear—: Es el momento de llamarlo otra vez. Lo vas a necesitar.

Estábamos sentados en el viejo puente en ruinas. Petrus juntó cuidadosamente los restos de comida, guardándolo todo dentro de la bolsa de papel que los monjes nos dieron. En el campo, los trabajadores empezaban a llegar, pero estaban tan distantes que no podía oír lo que hablaban. El terreno era todo ondulado, y las tierras cultivadas formaban misteriosos dibujos en el paisaje. Bajo nuestros pies, el curso del agua, casi muerto por la sequía, no hacía mucho ruido.

—Antes de salir por el mundo, Cristo conversó en el desierto con su demonio personal —empezó Petrus—. Aprendió todo lo que necesitaba saber sobre el hombre, pero no permitió que el demonio dictara las reglas del juego, y de esta forma lo venció.

"En cierta ocasión un poeta dijo que ningún hombre es una isla. Para hacer frente al Buen Combate, necesitamos ayuda. Precisamos de amigos, y cuando los amigos no están cerca, tenemos que transformar la soledad en nuestra principal arma. Todo lo que nos rodea nos ayudará a dar los pasos necesarios en pos de nuestro objetivo. Todo tiene que ser una manifestación personal de nuestra voluntad de vencer el Buen Combate. Sin esto, sin reconocer que necesitamos de todos y de todo, seremos guerreros arrogantes. Y nuestra arrogancia nos derrotará al final, porque estaremos de tal forma seguros de nosotros mismos que no nos daremos cuenta de las trampas existentes en el campo de batalla.

La historia de guerreros y combates me recordó de nuevo al don Juan de Carlos Castaneda. Me pregunté si el viejo brujo indio acostumbraba dar las lecciones por la mañana antes que su discípulo pudiese digerir el desayuno. Petrus continuó:

—Además de las fuerzas físicas que nos cercan y nos ayudan, existen a nuestro lado básicamente dos fuerzas espirituales: un ángel y un demonio. El ángel nos protege siempre y esto es un don divino, no es necesario invocarlo. La faz de tu ángel está siempre visible cuando ves el mundo con buenos ojos. Él es este riachuelo, los trabajadores en el campo, este cielo azul. Aquel viejo puente que nos ayuda a atravesar el agua, que fue colocado aquí por anónimas manos de legionarios romanos; y en este puente está la faz de tu ángel. Nuestros abuelos lo conocían como el ángel guardián, ángel de la guarda, ángel custodio.

"El demonio también es un ángel, pero es una fuerza libre, rebelde. Prefiero llamarlo Mensajero, ya que él es el principal punto de unión entre tú y el mundo. En la Antigüedad era representado por Mercurio, por Hermes Trimegisto, el Mensajero de los Dioses. Su acción es sólo en el plano material. Está presente en el oro de la Iglesia, porque el oro viene de la tierra y la tierra es su dominio; está presente en nuestro trabajo y en nuestra relación con el dinero. Cuando lo dejamos suelto, su tendencia es dispersarse. Cuando lo exorcizamos perdemos todo lo bueno que siempre tiene para enseñarnos, pues conoce mucho del mundo y de los hombres. Cuando nos fascinamos por su poder, él nos posee y nos aleja del Buen Combate.

"Por lo tanto, la única manera de tratar con nuestro Mensajero es aceptarlo como amigo. Oyendo sus consejos, pidiendo su ayuda cuando es necesaria, pero nunca permitiendo que dicte las reglas. Como hiciste tú con el chico. Para eso es necesario que primero sepas lo que quieres y luego que conozcas su nombre y su rostro.

—¿Cómo voy a saberlo? —pregunté.

Petrus me enseñó "El Ritual del Mensajero".

—Espera la noche para hacerlo, porque es más fácil. Hoy, en el primer encuentro, te revelará su nombre. Este nombre es secreto y no debe ser jamás conocido por nadie, ni por mí. Quien sepa el nombre de tu Mensajero puede ser destruido por él.

Petrus se levantó y empezamos a caminar. En poco tiempo llegamos al campo donde los campesinos trabajaban la tierra. Nos dimos los buenos días y seguimos adelante.

—Si yo tuviese que utilizar una imagen, diría que el ángel es tu armadura, y el Mensajero es tu espada. Una armadura protege en cualquier circunstancia, pero una espada puede caer en medio del combate, matar a un amigo o volverse contra su propio dueño. Una espada sirve para casi todo, menos para sentarse encima de ella —dijo, soltando una sonora carcajada.

Nos detuvimos en una aldea para el almuerzo. El chico que nos atendió estaba visiblemente de mal humor. No respondía a nuestras preguntas, colocó la comida de cualquier manera y al final derramó un poco de café en los bermudas de Petrus. Mi guía sufrió entonces una verdadera transformación: enfurecido, fue a llamar al dueño, gritando contra la falta de educación del mozo. Terminó yendo al

EL RITUAL DEL MENSAJERO

1) Siéntese y relájese completamente. Deje que la mente vague por donde quiera, el pensamiento fluyendo sin control. Después de algún tiempo, empiece a repetir para sí mismo: «Ahora estoy relajado y mis ojos duermen el sueño del mundo.»

2) Cuando sienta que su mente está en blanco, imagine una columna de fuego a su derecha. Haga que las llamas sean vivas, brillantes. Entonces diga en voz baja: «Ordeno que mi subconsciente se manifieste. Que él se abra para mí y revele sus secretos mágicos.» *Aguarde un poco, concentrándose sólo en la columna de fuego. Si surge alguna imagen, será una manifestación de su subconsciente. Trate de guardarla.*

3) Manteniendo siempre la columna de fuego a su derecha, comience ahora a imaginar otra columna de fuego a su izquierda. Cuando las llamas estén bien vivas, diga en voz baja las siguientes palabras: «Que la fuerza del Cordero que se manifiesta en todo y en todos, se manifieste también en mí, mientras invoco a mi Mensajero: (Nombre del Mensajero) aparecerá para mí ahora.»

4) Converse con su Mensajero, que deberá manifestarse entre las dos columnas. Discuta su problema específico, pida consejos y dele las órdenes necesarias.

5) Cuando termine de conversar, despida al Mensajero con las siguientes palabras: «Agradezco al Cordero el milagro que realicé. Que (Nombre del Mensajero) vuelva siempre que lo invoque y mientras esté distante, me ayude a realizar mi obra.»

Nota: *En la primera invocación —o en las primeras invocaciones, dependiendo de la capacidad de concentrarse de quien está realizando el Ritual— no se dice el nombre del Mensajero. Se dice sólo «Él». Si el Ritual es bien ejecutado, el Mensajero debe revelar de inmediato su nombre, por telepatía. En caso contrario, insista hasta conseguir saber este nombre, y sólo a partir de ese momento empiece las conversaciones. Cuantas más veces sea repetido el Ritual, más fuerte será la presencia del Mensajero y más rápidas sus acciones.*

lavabo a cambiarse los bermudas, mientras el dueño lavaba la mancha de café y colgaba la pieza a secar.

Mientras esperábamos que el sol de las dos de la tarde cumpliese su papel y secara los bermudas de Petrus, yo pensaba en todo lo que habíamos conversado por la mañana. En verdad, la mayor parte de las cosas que Petrus dijo del niño encajaban muy bien. Además, tuve la visión de un desierto y de un rostro. Pero aquella historia del Mensajero me parecía muy primitiva. Estábamos en pleno siglo XX, y los conceptos de infierno, de pecado y de demonio ya no tenían el menor sentido para ninguna persona con un mínimo de inteligencia. En la Tradición, cuyas enseñanzas yo había seguido mucho más tiempo que el Camino de Santiago, el Mensajero —llamado simplemente demonio— era un espíritu que dominaba las fuerzas de la Tierra y que estaba siempre a favor del hombre. Era muy utilizado en Obras Mágicas, pero nunca como aliado o consejero para lo cotidiano. Petrus me dio a entender que yo podría utilizar la amistad del Mensajero, para mejorar en el trabajo y en el mundo. Además de profana, la idea me parecía muy infantil.

Pero yo había jurado a Mme. Lawrence obediencia total. Y una vez más tuve que clavar la uña en la raíz del pulgar, que ya estaba en carne viva.

—No debería haberme exaltado —dijo Petrus—. A fin de cuentas, él no derramó la taza sobre mí, sino sobre el mundo que odia. Sabe que existe un gigantesco mundo más allá de las fronteras de su propia imaginación y su participación en este mundo se limita a despertar temprano, ir a la panadería, servir a quien pasa y mastur-

barse por la noche, soñando con mujeres que nunca irá
a conocer.

Era la hora de la siesta pero Petrus decidió continuar
caminando. Dijo que era una manera de hacer peniten-
cia por su intolerancia. Yo, que nada había hecho, tuve
que acompañarlo bajo aquel sol de justicia. Pensaba en
el Buen Combate y en los millones de personas que en
aquel instante, esparcidas por el planeta, hacían cosas de
las que no gustaban. El Ejercicio de la Crueldad, a pesar de dejarme el dedo en carne viva, estaba haciéndo-
me mucho bien. Me había brindado la posibilidad de saber lo traicionera que podía ser mi mente, de cómo podía
empujarme hacia cosas que yo no quería y tener sentimientos que no me ayudaban. En aquel momento quise
que Petrus tuviera razón: que existiera realmente un
Mensajero con quien discutir de cosas prácticas y pedir
ayuda para resolver los asuntos del mundo. Estaba ansioso de que llegara la noche.

Petrus, por su parte, no cesaba de hablar del mozo. Al
final terminó convenciéndose de que había reaccionado
correctamente usando, una vez más, un argumento cristiano.

—Cristo perdonó a la mujer adúltera y maldijo a la
higuera que no quiso darle un fruto. No estoy aquí sólo
para hacer el papel de cándido.

Listo. En su mente el asunto estaba resuelto. Una vez
más, la Biblia lo había salvado.

Llegamos a Estella casi a las nueve de la noche. Me
bañé y bajamos a cenar. El autor de la primera guía de
la Ruta Jacobea, Aymeric Picaud, describió Estella como
"un lugar fértil y de buen pan, excelente vino, carne y

pescado. Su río Ega posee el agua dulce, saludable y muy buena". No bebí el agua del río, pero respecto a la mesa, Picaud tenía razón, según pude comprobar ocho siglos después.

Sirvieron un guisado de cordero, alcachofas y un Rioja de excelente cosecha. Nos quedamos sentados a la mesa durante largo tiempo, charlando de trivialidades y saboreando el vino. Finalmente, Petrus dijo que era un buen momento para que yo tuviera el primer contacto con el Mensajero.

Nos levantamos y fuimos a caminar por las calles de la ciudad. Algunas callejuelas conducían directamente al río. Y fue en una de estas callejuelas que decidí sentarme. Petrus sabía que de ahí en adelante sería yo quien conduciría la ceremonia, por eso se quedó un poco más atrás. Quedé mirando el río durante mucho tiempo. Sus aguas, el ruido, empezaron a desvincularme del mundo y a inspirarme una profunda calma. Cerré los ojos e imaginé la primera columna. Hubo un momento de cierta dificultad, pero al final acabó apareciendo.

Dije las palabras rituales y la otra columna apareció a mi lado izquierdo. El espacio entre las dos columnas, iluminado por el fuego, estaba vacío. Me quedé durante algún tiempo en aquel espacio con los ojos fijos e intentando no pensar, para que el Mensajero pudiese manifestarse. Pero, al revés, empezaron a aparecer escenas exóticas: la entrada de una pirámide, una mujer vestida de oro puro, algunos hombres negros bailando alrededor de una hoguera. Las imágenes iban y volvían en rápida sucesión; dejé que fluyesen sin control. Surgieron también muchos trechos del Camino que yo había hecho con Petrus: paisajes, restaurantes, florestas. Hasta que, sin ningún aviso, el desierto ceniciento que vi por la mañana se extendió entre las dos columnas de fuego. Y allí, mirándome, estaba el simpático hombre, con un brillo traicionero en sus ojos.

Rió y yo sonreí en mi trance. Me mostró una bolsa cerrada, después la abrió y miró para dentro. Sin embargo, en la posición en que yo estaba no pude ver nada. En ese momento un nombre me vino a la cabeza: Astrain*. Empecé a mentalizar este nombre, a vibrarlo entre las dos columnas de fuego; el Mensajero hizo una seña afirmativa con la cabeza. Yo había descubierto su nombre.

Era el momento de terminar el ejercicio. Pronuncié las palabras rituales y extinguí las columnas de fuego —primero la de la izquierda, después la de la derecha—. Abrí los ojos y el río Ega estaba delante de mí.

—No fue tan difícil como yo imaginara —dije a Petrus, tras contarle todo lo que había pasado entre las columnas.

—Éste fue tu primer contacto. Un contacto de reconocimiento mutuo y de mutua amistad. La conversación con el Mensajero será productiva si lo invocas todos los días, discutiendo tus problemas con él y sabiendo distinguir perfectamente entre la ayuda real y la celada. Mantén siempre tu espada envainada cuando vayas a encontrarlo.

—Pero no tengo espada todavía —respondí.

—Por eso, él no puede causarte mucho daño. Aun así, no le des muchas facilidades.

El Ritual había terminado. Me despedí de Petrus y volví al hotel. Bajo las sábanas, estuve pensando en el po-

---

* Nombre falso.

bre mozo que nos había servido el almuerzo. Tenía ganas de volver y enseñarle el Ritual del Mensajero, decirle que todo podía cambiar si él así lo deseaba. Pero era
inútil intentar salvar al mundo: yo no había conseguido
ni siquiera salvarme a mí mismo*.

---

* El Ritual del Mensajero está descrito de forma incompleta. En verdad, Petrus me habló del significado de las visiones, de los recuerdos,
de la bolsa que Astrain me mostró. Sin embargo, como el Encuentro con el Mensajero es distinto para cada persona, insistir en mi experiencia personal sería influir de manera negativa en la de cada uno.

El amor

Conversar con el Mensajero no es sólo preguntarle sobre cosas del mundo de los espíritus —dijo Petrus al día siguiente—. El Mensajero sólo te servirá para una cosa: ayudar en el mundo material. Y sólo te dará esa ayuda si sabes exactamente lo que deseas.

Nos habíamos detenido en un pueblo para beber algo. Petrus pidió una cerveza y yo un refresco. La base de mi vaso era de plástico redondo, con agua coloreada por dentro. Mis dedos dibujaban figuras abstractas con los restos de agua; estaba preocupado.

—Me dijiste que el Mensajero se había manifestado en el chico porque quería decirme algo.

—Algo urgente —confirmó.

Continuamos conversando sobre Mensajeros, ángeles y demonios. Me resultaba difícil aceptar un uso tan práctico de los misterios de la Tradición. Petrus insistía en la idea de que siempre tenemos que buscar una recompensa, y yo recordaba que Jesús dijo que los ricos no entrarían en el reino celestial.

—Jesús también recompensó al hombre que supo multiplicar los talentos de su amo. Además, no creyeron en Él sólo porque tenía una buena oratoria. Tuvo que hacer milagros, dar recompensas a los que lo seguían.

—Nadie hablará mal de Jesús en mi bar —interrumpió el dueño, que seguía nuestra conversación.

—Nadie está hablando mal de Jesús —respondió Petrus—. Hablar mal de Jesús es cometer pecado invocando su nombre. Como lo hicieron ustedes allí, en esa plaza.

El dueño del bar tuvo un momento de vacilación; pero se repuso y respondió:

—¡No tuve nada que ver con eso! Yo era un niño todavía.

—Los culpables son siempre los otros —murmuró Petrus.

El dueño del bar salió por la puerta de la cocina. Pregunté a Petrus de qué hablaban.

—Hace cincuenta años, en pleno siglo veinte, un gitano fue quemado allí enfrente, acusado de brujería y de blasfemar contra la Santa Hostia. El caso quedó eclipsado por las atrocidades de la guerra civil española, y hoy nadie se acuerda más del asunto, salvo los habitantes de esta ciudad.

—¿Cómo sabes esto, Petrus?

—Porque recorrí antes el Camino de Santiago.

Era la hora de la siesta. Al poco tiempo, el dueño del bar volvió con el párroco de la aldea.

—¿Quiénes son ustedes? —preguntó el padre.

Petrus mostró la vieira dibujada en la mochila.

Durante mil doscientos años, los peregrinos habían pasado por el camino frente al bar y era tradición que cada peregrino fuera respetado y acogido en cualquier circunstancia.

El párroco cambió de tono inmediatamente.

—¿Cómo es posible que peregrinos del Camino de Santiago hablen mal de Jesús?

—Nadie aquí está hablando mal de Jesús. Estábamos hablando mal de los crímenes cometidos en su nombre, como el caso del gitano que fue quemado en la plaza.

La vieira en la mochila de Petrus hizo también cambiar el tono de la conversación del dueño. Esta vez se dirigió a nosotros con respeto.

—La maldición del gitano se mantiene hasta hoy —dijo, bajo la mirada de reproche del padre.

Petrus insistió en saber cómo. El padre dijo que eran historias del pueblo sin ningún apoyo de la Iglesia. Pero el dueño del bar prosiguió:

—Antes de morir, el gitano dijo que el niño más pequeño de la aldea recibiría e incorporaría sus demonios. Cuando el niño fue adulto y murió, pasaron a otro niño, y así será a través de los siglos.

—La tierra aquí es igual a la tierra de las aldeas cercanas —dijo el párroco—. Cuando sufren con la sequía, nosotros también sufrimos. Cuando allá llueve y tienen una buena cosecha, nosotros también llenamos nuestros graneros. Todo lo que nos ha pasado, les ha pasado a los vecinos de las aldeas cercanas. Toda esta historia es una gran fantasía.

—No ha sucedido nada porque nosotros aislamos la Maldición —dijo el dueño del bar.

—Pues, entonces, vamos hasta ella —propuso Petrus.

El párroco se rió y dijo que era así como se debía hablar. El dueño del bar hizo la señal de la cruz. Pero ninguno de los dos se movió.

Petrus pagó la cuenta e insistió en que alguien nos llevara hasta aquella persona que había recibido la Maldición. El párroco se disculpó diciendo que tenía que volver a la iglesia, pues había interrumpido un trabajo importante. Y salió antes que pudiésemos decir nada.

El dueño del bar miró a Petrus con miedo.

—No se preocupe —dijo mi guía—. Bastará con mostrarnos la casa donde vive, y nosotros intentaremos librar a la ciudad de la Maldición.

El dueño del bar salió con nosotros a la polvorienta calle que deslumbraba con el sol de la tarde. Caminamos juntos hasta la salida del pueblo y nos mostró una casa alejada en las márgenes del Camino.

—Siempre mandamos comida, ropas, todo lo que es necesario —se disculpó—. Pero ni siquiera el párroco va allí.

Nos despedimos y caminamos hasta la casa. El dueño del bar se quedó esperando, pensando que pasaríamos de largo. Petrus llamó a la puerta. Cuando miré para atrás, el dueño del bar había desaparecido.

Una mujer de aproximadamente sesenta años nos abrió la puerta. A su lado, un enorme perro negro movía la cola y parecía contento con la visita. La mujer preguntó qué queríamos; dijo que estaba muy ocupada lavando ropa y que tenía unas ollas en el fuego. No parecía sorprendida con nuestra visita. Deduje que muchos peregrinos, que nada sabían de la Maldición, debían de haber llamado a su puerta en busca de cobijo.

—Somos peregrinos camino de Compostela y necesitamos un poco de agua caliente —dijo Petrus—. Sé que usted no se negará.

A regañadientes la anciana abrió la puerta. Entramos en una pequeña sala pobremente amueblada, pero limpia. Había un sofá con el forro de plástico roto, un aparador, una mesa y dos sillas. Sobre el aparador, una imagen del Sagrado Corazón de Jesús, algunos santos y un crucifijo hecho de espejos. Dos puertas daban a la salita. Por una yo podía ver un cuarto. La mujer llevó a Petrus por la otra, que daba a la cocina.

—Tengo un poco de agua hirviendo —dijo ella—. Voy a buscar un jarro. Después, ustedes pueden seguir su camino.

Quedé solo en la sala, con el enorme perro. Sacudía la cola, contento y dócil. Al poco tiempo, la mujer volvió con un gastado tarro que oficiaba de taza, lo llenó de agua caliente y se lo pasó a Petrus.

—Listo. Partan con la bendición de Dios.

Pero Petrus no se movió. Sacó de su mochila una bolsita de té, la colocó en el tarro y dijo que le gustaría compartir con ella lo poco que tenía, en agradecimiento por la acogida.

La mujer, visiblemente contrariada, trajo dos tazas y se sentó con Petrus a la pequeña mesa. Continué mirando al perro mientras escuchaba la conversación de los dos.

—Me dijeron en el poblado que había una maldición en esta casa —comentó Petrus en tono informal.

Sentí que los ojos del perro brillaron, como si hubiese entendido también la conversación. La anciana se puso inmediatamente de pie.

—¡Eso es mentira! ¡Es una antigua superstición! Por favor, termine rápido su té, que tengo mucho que hacer.

El perro sintió el súbito cambio de humor de la mujer. Quedó inmóvil, en estado de alerta. Pero Petrus continuaba con la misma tranquilidad del comienzo. Colocó lentamente el té en la taza, la llevó a los labios pero no bebió una gota y la recolocó en la mesa.

—Está muy caliente —dijo—. Esperaremos que se enfríe un poco.

La mujer no volvió a sentarse. Estaba visiblemente incómoda por nuestra presencia y arrepentida de haber abierto la puerta. Notó que yo miraba fijamente al perro y lo llamó a su lado; pero cuando llegó junto a ella me miró de nuevo.

—Fue para esto, mi querido Petrus —dijo, mirándome—. Fue para esto que el Mensajero apareció ayer en el niño.

Súbitamente me di cuenta de que no era yo quien miraba al perro. Desde que había entrado, aquel animal me había hipnotizado y me obligaba a mantener mis ojos fijos en los suyos. Era el perro el que me miraba y hacía que yo acatase su voluntad. Empecé a sentir sopor, un irrefrenable impulso de dormir sobre aquel sofá roto, porque afuera hacía mucho calor y no estaba con ganas de seguir andando. Todo esto me parecía extraño. Tenía la sensación de que estaba cayendo en una trampa. El perro me miraba fijamente, y cuanto más me miraba, más sueño sentía.

—Vamos —dijo Petrus, levantándose y pasándome la taza de té—. Toma un poco. La señora quiere que nos vayamos pronto.

Vacilé, pero conseguí agarrar la taza y el té caliente me reanimó. Quería decir algo, preguntar el nombre del animal, pero mi voz no salía. Algo dentro de mí había despertado; algo que Petrus no me había enseñado pero que empezaba a manifestarse. Era un deseo incontrolable de decir palabras extrañas, que ni siquiera yo mismo sabía el sentido. Pensé que Petrus había colocado algo en el té. Todo parecía como distante y tenía apenas la vaga sensación de que la mujer decía a Petrus que debíamos irnos. Sentí un estado de euforia. Decidí decir en voz alta las extrañas palabras que pasaban por mi cabeza.

Lo único que podía ver en la sala era el perro. Cuando empecé a proferir las palabras extrañas que ni yo mismo entendía, el perro empezó a gruñir. ¡Él estaba comprendiendo! Mi excitación aumentó y continué hablando en voz cada vez más alta. El perro se levantó y mostró los dientes. Ya no era el animal dócil que encontré a la llegada, sino uno malo y amenazador que podía atacarme en cualquier momento. Sabía que las palabras me protegían y seguí hablando en voz fuerte, dirigiendo toda mi fuerza al perro, sintiendo que dentro de mí había un poder diferente y que este poder impedía que el animal me atacara.

A partir de este momento, todo fue desarrollándose como en cámara lenta. Vi que la mujer se aproximaba gritando y tratando de empujarme fuera de la casa; vi que Petrus la sujetaba y que el perro no prestaba la menor atención a la pelea de los dos; estaba con los ojos fijos en mí. Se paró gruñendo y mostrando los dientes; quiero comprender el idioma extraño que estoy hablando, pero cada vez que trato de dar sentido a lo que hablo, el poder disminuye y el perro se aproxima, se pone más agresivo, gana en fuerzas. En ese momento comienzo a gritar, sin entender, y la mujer empieza también a gritar. El perro ladra y me amenaza, pero mientras continúe hablando lo mantendré a raya y estaré seguro. Escucho una estruendosa carcajada, pero no sé si la risotada es real o fruto de mi imaginación.

Repentinamente, como si todo estuviera ocurriendo al mismo tiempo, la casa fue sacudida por un terrible ventarrón, el perro dio un gran aullido y saltó sobre mí. Instintivamente levanté el brazo para defender mi rostro y lancé una palabra esperando el impacto. El perro cayó sobre mí arrastrándome al sofá de plástico. Por algunos instantes nuestros ojos quedaron fijos unos en los otros y de repente el animal salió corriendo en dirección al campo.

Rompí en un copioso llanto. Me acordé de mi familia, de mi mujer y de mis amigos. Sentí una gigantesca
sensación de amor, una alegría inmensa y absurda porque al mismo tiempo era consciente de toda la historia
con el perro. Petrus me tomó de un brazo y me llevó
afuera, los dos siendo empujados por la mujer. Miré a mi
alrededor y no vi más señales del perro. Me abracé a Petrus y seguí llorando, mientras caminábamos bajo el tó-
rrido sol.

No tuve conciencia de aquella caminata y sólo volví en
mí cuando, sentados cerca de una fuente, Petrus mojó mi
rostro y mi nuca con agua fresca. Le pedí un trago, pero me dijo que si bebía cualquier cosa, podría vomitar.
Estaba un poco mareado, pero me sentía bien. Un inmenso amor por todo y por todos me había invadido.
Miré a mi alrededor y vi los árboles a la orilla de la carretera, la pequeña fuente donde hicimos la parada, la
brisa fresca y el canto de los pajarillos en el matorral. Estaba viendo el rostro de mi ángel, conforme Petrus me
había dicho. Le pregunté si estábamos lejos de la casa de
la mujer. Respondió que habíamos andado más o menos
unos quince minutos.

—Sin duda querrás saber lo que pasó —dijo.

En verdad eso no tenía la menor importancia. Estaba
feliz con aquel Amor inmenso que me había invadido. El
perro, la mujer, el dueño del bar, eran un recuerdo distante que parecía no tener ninguna relación con lo que
sentía en este momento.

Le dije a Petrus que me gustaría caminar un poco,
pues me sentía bien.

Me levanté y reemprendimos el Camino de Santiago.

Durante el resto de la tarde no hablé casi nada, sumido en aquel sentimiento agradable que parecía llenarlo todo. De cuando en cuando pensaba que Petrus debió de colocar alguna droga en el té, pero esto no tenía la menor importancia. Importante era ver los montes, los riachuelos, las flores en la carretera, los trazos gloriosos del rostro de mi ángel.

Llegamos a un hotel a las ocho de la noche. Aunque con menor intensidad, persistía en mí aquel estado de beatitud. El dueño me pidió el pasaporte para hacer el registro y se lo entregué.

—¿Es de Brasil? Estuve allá, en un hotel de la playa de Ipanema.

Aquella frase absurda me devolvió el sentido de la realidad. En plena Ruta Jacobea, en una aldea construida hace muchos siglos, existía un hotelero que conocía la playa de Ipanema.

—Estoy listo para conversar —le dije a Petrus—. Quiero saber todo lo que pasó hoy.

La sensación de beatitud había desaparecido. En su lugar surgía otra vez la Razón, con sus temores a lo desconocido, con la urgente y absoluta necesidad de colocar de nuevo los pies sobre la tierra.

—Después de la cena —respondió.

Petrus pidió al dueño del hotel que conectara la televisión, pero sin sonido. Dijo que ésa era la mejor manera de escuchar todo sin hacer muchas preguntas, porque parte de mí estaría pendiente de lo que aparecía en la pantalla. Me preguntó hasta dónde me acordaba de lo sucedido. Le contesté que me acordaba de todo menos de la parte en que caminamos hasta la fuente.

—Eso no tiene la menor importancia —respondió.

En la televisión empezaba una película sobre algo relacionado con minas de carbón. Las personas vestían una indumentaria de inicios de siglo.

—Ayer, cuando presentí la urgencia del Mensajero, sabía que iba a librarse un combate en el Camino de Santiago. Estás aquí para encontrar tu espada y para aprender las Prácticas de RAM. Pero siempre que un guía conduce a un peregrino, existe por lo menos una circunstancia que escapa al control de los dos y que es una especie de prueba práctica de lo que está siendo enseñado. En tu caso, fue el encuentro con el perro.

"Los detalles de la lucha y el porqué de los muchos demonios encarnados en un animal, te lo explicaré más tarde. Ahora lo importante es que entiendas que aquella mujer ya estaba acostumbrada a la Maldición. La había aceptado como algo normal, y la mezquindad del mundo le parecía algo bueno. Aprendió a satisfacerse con muy poco cuando la vida es generosa y quiere siempre darnos mucho.

"Cuando expulsaste los demonios de aquella pobre anciana, desequilibraste también su universo. El otro día conversamos sobre la crueldad que las personas son capaces de cometer consigo mismas. Muchas veces, cuando intentamos mostrar el bien, mostrar que la vida es generosa, rechazan la idea como si fuese cosa del demonio. A nadie le gusta pedir mucho a la vida, porque tiene miedo a la derrota. Quien desee hacer frente al Buen Combate tiene que mirar el mundo como si fuese un tesoro inmenso que está allí esperando para ser descubierto y conquistado.

Petrus me preguntó si yo sabía para qué estaba allí, en el Camino de Santiago.

—Estoy para buscar mi espada —respondí.

—¿Y para qué quieres tu espada?

—Porque ella me dará el Poder y la Sabiduría de la Tradición.

Sentí que mi respuesta no le había satisfecho por completo. Prosiguió:

—Estás aquí para la búsqueda de una recompensa. Osas soñar y estás haciendo lo posible para transformar este sueño en realidad. Necesitas saber mejor lo que harás con tu espada y esto tiene que quedar claro antes que lleguemos a ella. Pero tienes algo a tu favor: estás en busca de una Recompensa. Sólo estás haciendo el Camino de Santiago porque quieres una recompensa a tus esfuerzos. Ya noté que todo lo que te estoy enseñando lo has aplicado buscando un fin práctico. Esto es positivo.

"Sólo falta que consigas conjugar las Prácticas de RAM con tu propia intuición. El lenguaje de tu corazón es el que determinará la forma correcta de descubrir y manejar tu espada. En caso contrario, los ejercicios y las Prácticas de RAM se perderán en la sabiduría inútil de la Tradición.

Petrus ya me había hablado antes de esto en otra forma, y a pesar de estar de acuerdo, no era lo que me interesaba saber. Habían sucedido dos cosas que no lograba explicar: el idioma diferente en que hablé y la sensación de alegría y amor después de haber expulsado el perro.

—La sensación de alegría se debe a que fuiste tocado por Ágape.

—Hablas mucho de Ágape y hasta ahora no me has explicado bien lo que es. Tengo la impresión de que se trata de algo relacionado con una forma superior de amor.

—Exactamente. Muy pronto llegará el momento de sentir este amor intenso, este amor que devora a quien ama. Mientras tanto, tienes que contentarte con saber que se manifiesta libremente en ti.

—Ya tuve esa sensación antes, aunque más breve y de forma distinta. Apareció siempre después de una victoria profesional, de una conquista o cuando presentía que la Suerte estaba siendo generosa conmigo. Sin embargo, cuando esa sensación surgía yo sentía miedo de vivirla intensamente. Como si esta alegría pudiese despertar la envidia en los otros, como si fuera indigno de recibirla.

—Todos nosotros, antes de conocer a Ágape actuábamos así —dijo, mirando la televisión.

Le pregunté entonces sobre el idioma diferente en que yo había hablado.

—Eso fue una sorpresa para mí. No es una Práctica del Camino de Santiago. Se trata de un Carisma, y es parte de las Prácticas de RAM del Camino de Roma.

Ya había escuchado algo en relación a los Carismas, pero pedí a Petrus que me lo explicara mejor.

—Los Carismas son los dones del Espíritu Santo manifestados en las personas. Existen muchos dones: el don de la curación, el don de los milagros, el don de la profecía. Entre otros. Tú manifestaste el Don de los Idiomas, igual que los apóstoles en el día de Pentecostés.

"El Don de los Idiomas está ligado a la comunicación directa con el Espíritu. Sirve para oraciones poderosas, exorcismos, como fue tu caso, y sabiduría. Los días de caminata y las Prácticas de RAM, además del peligro que el perro representaba para ti, despertaron el Don de las Lenguas por casualidad. No volverá a suceder, a menos que encuentres tu espada y decidas seguir el Camino de Roma. De cualquier forma, fue un buen presagio.

Me quedé mirando la televisión sin sonido. La historia de las minas de carbón se había transformado en una sucesión de imágenes de hombres y mujeres siempre hablando, discutiendo, conversando. De cuando en cuando, un actor y una actriz se besaban.

—Y atiende otra cosa —dijo Petrus—. Es posible que vuelvas a encontrar el perro. En este caso, no intentes despertar de nuevo el Don de los Idiomas porque ya no volverá más. Confía en lo que tu intuición te dirá. Te enseñará otra Práctica de RAM que irá a despertar esta intuición. Así, empezarás a conocer el lenguaje secreto de tu mente, lo que te será muy útil en todos los momentos de tu vida.

Petrus apagó el televisor justamente cuando empezaba a interesarme el programa. Después fue hasta el bar y pidió una botella de agua mineral. Bebimos un poco y, en seguida, llevando la botella con lo que sobró, salimos a la terraza.

Nos sentamos al aire libre y durante algunos instantes nadie dijo nada. El silencio de la noche nos envolvía, y la Vía Láctea, en el cielo, me recordaba mi objetivo: encontrar la espada.

Después de cierto tiempo, Petrus me enseñó "El Ejercicio del Agua".

—Estoy cansado. Voy a dormir —dijo—. Haz el ejercicio ahora. Despierta de nuevo la intuición, tu lado secreto. No te preocupes con la lógica, porque el agua es un elemento fluido, y por lo tanto no se dejará dominar tan fácilmente. Pero poco a poco va a crear, sin violencias, una nueva relación tuya con el Universo. —Y terminó, mientras entraba en el hotel—: No siempre las personas tienen la ayuda de un perro.

EL DESPERTAR DE LA INTUICIÓN
(EL EJERCICIO DEL AGUA)

Haga una poza de agua sobre una superficie lisa y no absorbente. Mire esta poza por algún tiempo. Después, empiece a jugar sin ningún objetivo, con la poza de agua. Haga dibujos que no quieran decir nada. Haga este ejercicio durante una semana, demorando un mínimo de diez minutos cada vez.

No busque resultados prácticos a este ejercicio, porque él, poco a poco, irá despertando su intuición.

Cuando la intuición empiece a manifestarse en diferentes horas del día, confíe en ella, siempre.

Continué disfrutando un poco más del silencio y del frescor de la noche. El hotel estaba alejado de cualquier ciudad y nadie pasaba por la carretera situada enfrente. Me acordé del dueño, que conocía Ipanema. Seguramente le parecería absurdo que yo estuviera en aquel lugar árido y quemado por un sol que cada día volvía con más furia.

Empecé a sentir sueño y resolví hacer inmediatamente el ejercicio. Derramé el resto de agua de la botella en el suelo de cemento y en el acto se formó un pequeño charco. No tenía una imagen o forma definida; no esperaba que la tuviera. Comencé a pasar los dedos por el agua fría y empecé a sentir el mismo tipo de hipnosis que sienten las personas cuando se quedan mirando el fuego. No pensaba en nada, apenas estaba jugando. Jugaba con un charco de agua. Hice algunos trazos en los bordes y la poza pareció transformarse en un sol mojado, pero luego los trazos se deshicieron, fundiéndose con el resto. Con la palma extendida, di un golpe en el centro de la poza. El agua se esparció llenando el suelo de gotas, cual estrellas negras sobre un fondo gris. Estaba entregado totalmente a este absurdo ejercicio que no tenía una finalidad determinada pero que me gustaba realizar. Sentí que mi mente se había detenido por completo, cosa que conseguía sólo en los largos períodos de meditación y relajación. Al mismo tiempo, algo me decía que en lo más profundo de mí mismo, en lugares recónditos de mi mente, una fuerza tomaba cuerpo y se preparaba para manifestarse.

Estuve mucho tiempo jugando con el charco; fue difícil poner fin al ejercicio. Si Petrus me hubiera enseñado el Ejercicio del Agua al principio del viaje, con toda seguridad lo habría considerado una pérdida de tiempo. Pero ahora, habiendo hablado diferentes idiomas y expulsado demonios, aquella poza establecía un contacto —aunque frágil— con la Vía Láctea, allá, encima de mí. Reflejaba las estrellas, creaba dibujos que no lograba entender, y me daba la sensación de estar creando un nuevo código de comunicación con el mundo. El código secreto del alma, el idioma que conocemos y que escuchamos tan poco.

Cuando me di cuenta de la hora, era ya bastante tarde. Las luces de la portería estaban apagadas y entré sin hacer ruido. Una vez en mi habitación, invoqué a Astrain. Apareció más nítido, y por algún tiempo le hablé de mi espada y de mis metas en la vida. Hasta ese momento, nunca había respondido, pero Petrus me había asegurado que si persistía en las invocaciones, Astrain se volvería una presencia viva y poderosa a mi lado.

El casamiento

Logroño es una de las ciudades más grandes que los peregrinos atraviesan cuando siguen la Ruta Jacobea. Antes, la única ciudad más o menos grande que habíamos cruzado era Pamplona, aunque la cruzamos sin alojarnos allí. La tarde que llegamos a Logroño, la ciudad se preparaba para una gran fiesta y Petrus sugirió que nos quedásemos allí, por lo menos por esa noche.

Yo me había acostumbrado ya al silencio y la libertad del campo, de manera que la idea no me agradó mucho. Habían pasado cinco días desde el incidente con el perro, y todas las noches realizaba el Ejercicio del Agua e invocaba a Astrain. Me sentía mucho más calmado, consciente de la importancia del Camino de Santiago en mi vida y de lo que haría en el futuro. A pesar de la aridez del paisaje, de la comida no siempre buena y del cansancio provocado por días enteros en la carretera, yo vivía un sueño real.

Todo eso quedó muy distante cuando llegamos a Logroño. En vez del aire caluroso aunque puro de los campos del interior, la ciudad estaba llena de coches, periodistas y equipos de televisión. Petrus entró en el primer bar que encontramos para preguntar lo que sucedía.

—Es el casamiento de la hija del coronel M. —respondió el hombre que regentaba el bar—. Vamos a celebrar un banquete público en la plaza, por eso cerraré hoy más temprano.

Fue difícil encontrar un hotel, pero conseguimos hospedaje con un matrimonio anciano que había notado la vieira en la mochila de Petrus. Nos bañamos, me puse el único pantalón largo que llevaba conmigo y salimos a la plaza.

Allí, decenas de empleados vestidos de negro daban los últimos retoques en las mesas distribuidas por todo el lugar. Los equipos de Televisión Española tomaban algunos planos de los preparativos. Seguimos por una pequeña calle que conducía hasta la iglesia de Santiago, donde la ceremonia estaba por empezar.

Gente bien vestida, mujeres con el maquillaje casi derritiéndose debido al calor, niños con ropas blancas y miradas enojadas, entraban sin cesar en la iglesia. Algunos fuegos de artificio estallaron sobre nosotros. Una inmensa limusina negra se detuvo en la puerta principal. Era el novio que llegaba. No conseguimos entrar en la iglesia repleta y decidimos volver a la plaza.

Mientras Petrus fue a dar una vuelta, yo me senté en uno de los bancos, esperando que el casamiento terminara y el banquete fuese servido. A mi lado, un vendedor de palomitas esperaba el término de la ceremonia con la esperanza de una venta extra.

—¿Usted también está convidado? —me preguntó el vendedor.

—No —respondí—. Somos peregrinos de camino a Compostela.

—De Madrid parte un tren directo hasta allá, y si usted sale un viernes, tiene derecho a hotel gratis.

—Pero nosotros estamos haciendo una peregrinación.

El vendedor me miró y dijo con cautela:

—La peregrinación es una cosa de santos.

Decidí no insistir en el asunto. El viejo empezó a contarme que ya había casado a su hija, pero que actualmente estaba separada del marido.

—En la época de Franco había mucho más respeto —dijo—. Hoy nadie le da ninguna importancia a la familia.

A pesar de estar en un país extraño y sabiendo que no es aconsejable discutir de política, no pude dejar de dar una opinión, de responder. Dije que Franco fue un dictador y que nada en su época podía haber sido mejor que ahora.

El viejo se puso colorado.

—¿Quién es usted para hablar de esa manera?

—Conozco la historia de su país. Conozco la lucha de su pueblo por la libertad. Leí sobre los crímenes de la guerra civil española.

—Pues yo participé en la guerra. Puedo hablar porque en esa guerra se derramó sangre de mi familia. La historia que usted leyó no me interesa; me interesa lo que tiene que ver con mi familia. Yo luché contra Franco, pero después que él venció, mi vida mejoró. No soy pobre y tengo este carrito de venta de palomitas. Este gobierno socialista que hoy tenemos no me ayudó a conseguir esto. Ahora vivo peor de lo que vivía antes.

Me acordé de Petrus cuando decía que las personas se conforman con muy poco en la vida. Decidí no insistir en el asunto y me cambié de banco.

Petrus vino a sentarse a mi lado. Le conté la historia del vendedor de palomitas.

—Conversar es muy bueno cuando uno quiere convencerse de lo que está diciendo —dijo—. Soy del Partido Comunista Italiano y no conocía tu lado fascista.

—¿Qué lado fascista? —pregunté, indignado.

—Tú ayudaste al anciano a convencerse de que Franco era mejor. Tal vez él nunca supiese por qué. Ahora lo sabe.

—Pues estoy muy sorprendido de saber que tu partido cree en los dones del Espíritu Santo.

—Uno se preocupa de lo que los vecinos puedan decir —dijo. E imitó al Papa.

Reímos juntos. Algunos fuegos de artificio estallaron de nuevo. Unos músicos subieron a la glorieta de la plaza y empezaron a afinar los instrumentos. La fiesta empezaría en cualquier momento.

Miré el cielo. Empezaba a oscurecer y ya se podían ver algunas estrellas. Petrus abordó a uno de los mozos y consiguió dos vasos de plástico llenos de vino.

—Da buena suerte beber un poco antes de empezar la fiesta —me dijo, pasándome un vaso—. Toma un poco. Te ayudará a olvidar al viejo de las palomitas.

—Ya no pensaba en eso.

—Pues deberías. Porque lo que sucedió es un mensaje simbólico de un comportamiento equivocado. Siempre estamos tratando de conquistar adeptos para nuestras explicaciones del Universo. Pensamos que la cantidad de personas que creen en lo mismo en que creemos nosotros transformará ese algo en realidad. Y no es así.

"Mira a tu alrededor. Se prepara una gran fiesta. Está por empezar una conmemoración. Se están celebrando muchas cosas al mismo tiempo: el sueño del padre que quería casar a su hija; el sueño de la hija que se quería casar; el sueño del novio. Esto es bueno, porque ellos creen en su sueño y quieren mostrar a todos que lograron alcanzar una meta. No es una fiesta para convencer a nadie y por eso es divertida. Todo indica que son personas que conocieron el Buen Combate del Amor.

—Pero tú estás tratando de convencerme, Petrus. Me estás guiando por el Camino de Santiago.

Me miró con frialdad.

—Te estoy enseñando las Prácticas de RAM. Pero sólo conseguirás llegar hasta tu espada cuando descubras que en tu corazón está el camino, la verdad y la vida.

Petrus apuntó el cielo, donde las estrellas estaban ya bien visibles.

—La Vía Láctea muestra el Camino hasta Compostela. No existe una religión capaz de juntar todas las estrellas, porque si esto sucediera, el Universo se volvería un gigantesco espacio vacío y perdería su razón de existir. Cada estrella, y cada ser humano, tiene sus características especiales. Existen estrellas verdes, amarillas, azules, blancas; existen cometas, meteoros, meteoritos, nebulosas y anillos. Eso que desde aquí parece un montón de puntitos iguales, son, en verdad, millones de cosas diferentes esparcidas en un espacio mucho más allá de la comprensión humana.

Un fuego de artificio estalló y, por un momento, su luz eclipsó el cielo. Una lluvia de partículas verdes y brillantes apareció en lo alto.

—Antes sólo escuchábamos el ruido porque era de día. Ahora podemos ver su luz —dijo Petrus—. Éste es el único cambio al que el hombre puede aspirar.

La novia salió de la iglesia y la gente le tiró arroz y gritaron vivas. Era una joven delgada, de unos diecisiete años. Iba del brazo de un joven en uniforme de gala. Todos empezaron a salir y se encaminaron a la plaza.

—¡Mira el coronel M.! ¡Fíjate en el vestido de la novia! ¡Está guapísima! —decían unas chicas cerca de nosotros.

Los invitados rodearon las mesas, los camareros distribuyeron el vino y los músicos empezaron a tocar. El an-

ciano de las palomitas fue cercado inmediatamente por
una multitud de chicos bullangueros que extendían el dinero y desparramaban las bolsas por el suelo. Imaginé
que para los habitantes de Logroño, por lo menos en
aquella noche, no existía el resto del mundo, la amenaza de una guerra nuclear, el desempleo o la muerte. La
noche era una fiesta, las mesas estaban dispuestas en la
plaza y todos se sentían importantes.

Un equipo de televisión vino en nuestra dirección y Petrus escondió el rostro. Pero el equipo pasó de largo, buscando un convidado que estaba a nuestro lado. Lo reconocí en el acto. Era Manolo, jefe de la hinchada española
en el Mundial de Fútbol de México. Cuando terminó la
entrevista, me acerqué a él. Le dije que era brasileño, y él,
fingiendo indignación, reclamó un gol robado en el primer
partido del Mundial*. Pero después me abrazó y dijo que
Brasil tendría de nuevo los mejores jugadores del mundo.

—¿Cómo consigue ver el partido si usted está siempre
de espaldas al campo, animando a la hinchada? —pregunté, pues era una de las cosas que más me habían llamado la atención durante las transmisiones del Mundial.

—Mi alegría es ésa. Ayudar a la hinchada a creer en
la victoria. —Y concluyó, como si también fuese un guía
por los Caminos de Santiago—: Sin fe, se puede perder
un juego cuando ya está casi ganado.

Manolo fue solicitado por otras personas, y me quedé
pensando en sus palabras.

---

* En el partido entre España y Brasil, en el Mundial de México de
1986, un gol español fue anulado porque el árbitro no vio la pelota
golpear más allá de la línea de meta antes de rebotar hacia afuera.
Brasil terminó venciendo por 1 a 0.

Aunque él nunca cruzó la Ruta Jacobea, ya sabía lo que era entablar el Buen Combate.

Descubrí a Petrus escondido en un rincón y abiertamente molesto por la presencia de los equipos de televisión. Sólo cuando los reflectores se apagaron, él salió de entre los árboles de la plaza y se relajó un poco. Pedimos dos vasos más de vino y me preparé un plato con canapés. Petrus descubrió una mesa donde podíamos sentarnos junto a otros invitados.

Los novios partieron un enorme pastel de bodas. Sonaron nuevos vivas.

—Sin duda se aman —pensé en voz alta.

—Claro que se aman —dijo un señor de terno oscuro que estaba sentado a la mesa—. ¿Acaso ha visto a alguien casarse por otro motivo?

Me guardé la respuesta, pensando en lo que Petrus me dijera con respecto al vendedor de palomitas. Pero mi guía no dejó pasar por alto el comentario.

—¿A qué tipo de amor se refiere el señor: Eros, Philos o Ágape?

El señor lo miró sin entender nada. Petrus se levantó, llenó de nuevo su vaso y me pidió que paseáramos un poco.

—Existen tres palabras para designar el amor —empezó diciendo—. Hoy estás viendo la manifestación de Eros, el sentimiento entre dos personas.

Los novios sonreían a los fotógrafos y recibían felicitaciones de la gente.

—Parece que los dos se aman —dijo refiriéndose a la pareja—, y hallan que el amor es algo que crece y se desarrolla. Dentro de poco estarán luchando solos por la vida. Compartirán una casa y van a participar de la mis-

ma aventura. Eso engrandece y torna digno el amor. Él
seguirá su carrera en el ejército; ella cocinará y será una
excelente ama de casa, porque desde niña fue educada
para eso. Tendrán hijos y sentirán que, juntos, están
construyendo algo, porque estarán en la lucha del Buen
Combate. Entonces, a pesar de los tropiezos, nunca de-
jarán de ser felices.

"Puede suceder que esta historia que te estoy contando suceda de forma inversa. Él puede empezar a sentir
que no es lo suficientemente libre para expresar Eros, para demostrar todo el amor que siente por otras mujeres.
La novia puede empezar a sentir que sacrificó una carrera y una vida brillante para acompañar al marido. Entonces, en vez de una creación en conjunto, cada uno se
sentirá defraudado en su amor. Eros, el espíritu que los
une, empezará a mostrar su lado malo. Y aquello que
Dios había destinado al hombre como expresión de su
más noble sentimiento, pasará a ser fuente de odio y des-
trucción.

Miré alrededor. Eros estaba presente en varias parejas.
El Ejercicio del Agua había despertado el lenguaje de mi
corazón y estaba viendo a las personas de una manera diferente. Tal vez fuesen los días de soledad al aire libre, tal
vez fuesen las propias Prácticas de RAM. El caso es que
podía sentir la presencia de Eros Bueno y de Eros Malé-
fico, exactamente como Petrus lo había descrito.

—Fíjate qué curioso —dijo Petrus reparando en lo mismo—. A pesar de ser bueno o malo, nunca el rostro de
Eros es el mismo en cada persona. Exactamente como las
estrellas de que te hablaba hace media hora. Nadie puede escapar de Eros. Todos tienen necesidad de su presencia, a pesar de que muchas veces Eros nos hace sentir distantes del mundo, encerrados en nuestra soledad.

Los músicos empezaron a tocar un vals. Algunas personas se dirigieron a una pista enfrente de la glorieta y empezaron a bailar. El alcohol empezaba a surtir efecto y todos estaban sudados y alegres. Pude advertir a una joven vestida de azul, que sin duda había esperado este casamiento sólo para que llegara el momento del vals y bailar con quien soñó estar abrazada desde su adolescencia. Sus ojos seguían los movimientos de un chico bien vestido, de terno claro, que estaba en una rueda de amigos. Todos conversaban alegremente, y no se habían dado cuenta de que el vals había empezado y que, a algunos metros de distancia, una joven de azul miraba insistentemente hacia uno de ellos.

Pensé en las pequeñas ciudades y en los casamientos soñados desde la infancia con el joven elegido.

La niña de azul notó mi mirada y salió del borde de la pista. Entonces le tocó al joven el turno de buscarla con la mirada. En cuanto notó que estaba con otras chicas, volvió a conversar animadamente con los amigos. Llamé la atención de Petrus. Él siguió durante algún tiempo aquel juego de miradas. Luego volvió a su vaso de vino.

—Ellos actúan como si fuera una vergüenza demostrar que se aman —fue su comentario.

Frente a nosotros, una joven nos miraba fijamente. Petrus levantó el vaso de vino e hizo un brindis para ella. La chica rió, avergonzada, y con un gesto apuntó a los padres, casi disculpándose por no poder acercarse.

—Éste es el lado bueno del amor —dijo—. El amor que desafía, el amor de dos extraños más viejos, que vinieron de lejos y partirán mañana. Hacia un mundo que a ella también le gustaría recorrer.

Noté, por la voz de Petrus, que el vino se le había subido un poco.

—¡Hoy vamos a hablar de Amor! —dijo mi guía en un tono un poco más alto—. Vamos a hablar de este amor verdadero que siempre está creciendo, moviendo al mundo y haciendo sabio al hombre.

Cerca de nosotros, una mujer bien vestida parecía no estar prestando ninguna atención a la fiesta. Iba de mesa en mesa, arreglando los vasos, los platos y los cubiertos.

—Fíjate en esa señora —dijo Petrus—. No cesa de ordenar las cosas. Como te dije antes, existen muchas caras de Eros, y ésta es una de ellas. Es el amor frustrado que se realiza en la infelicidad ajena. Besa al novio y a la novia pero por dentro está murmurando que no están hechos uno para el otro. Está tratando de poner orden en el mundo porque ella misma está en desorden. Y allí —mostró otra pareja en que la mujer iba exageradamente maquillada y con el cabello adornado—, es Eros aceptado. El Amor social, sin ningún vestigio de emoción. Ella aceptó su papel y cortó los lazos con el mundo y el Buen Combate.

—¿No hay nadie aquí que se salve? —inquirí.

—Claro que sí —replicó—. La chica que nos miró. Los adolescentes que están bailando y que sólo conocen el Eros Bueno. Si ellos no se dejan influir por la hipocresía del Amor que dominó la generación anterior, el mundo, con seguridad, será otro.

Señaló una pareja de ancianos sentados a una de las mesas.

—Y aquellos dos también. No se dejaron contaminar por la hipocresía, como muchos otros. Por la apariencia, diría que son campesinos. El hambre y la necesidad los obligó a trabajar juntos. Sin nunca haber oído hablar de RAM, aprendieron las Prácticas que tú estás conociendo, porque sacaron fuerzas del propio trabajo. Allí, Eros muestra su cara más bella, porque está unido a Philos.

—¿Qué es Philos?

—Philos es el amor bajo la forma de la amistad. Es lo que siento por ti y por los otros. Cuando Eros no consigue que su llama siga brillando, es Philos el que mantiene unidas a las parejas.

—¿Y Ágape?

—Hoy no es día para hablar de Ágape. Ágape está en Eros y en Philos, pero esto es sólo una frase. Vamos a divertirnos en esta fiesta, sin tocar el Amor que Devora.

Y Petrus vertió más vino en su vaso de plástico.

La alegría a nuestro alrededor era contagiosa. Petrus se sentía mareado, y ello en un principio me resultó chocante. Pero recordé sus palabras cuando cierta tarde me dijo que las Prácticas de RAM sólo tenían sentido si podían ser ejecutadas por una persona común.

Petrus me parecía esta noche un hombre como cualquier otro. Era un camarada, un amigo. Simpático, dando palmaditas a las personas y conversando con todos los que le prestaban atención. Poco después estaba tan mareado que tuve que llevarlo al hotel.

Por el camino me di cuenta de la situación: yo estaba guiando a mi guía. Y me di cuenta también de que durante toda nuestra jornada Petrus no había hecho ningún esfuerzo por parecer más sabio, más santo o mejor que yo. Todo lo que hizo fue transmitirme su experiencia en las Prácticas de RAM. En lo demás, trataba de demostrar que era un hombre como todos los otros, que sentía Eros, Philos y Ágape.

Esto hizo que me sintiera más fuerte. El Camino de Santiago era para las personas comunes.

El entusiasmo

A unque hable el idioma de los hombres y de los ángeles, aunque tenga el don de profetizar y tenga fe para mover montañas, si no tengo amor, nada seré.

De nuevo Petrus, citando a san Pablo. Para él, el Apóstol era el gran intérprete oculto del mensaje de Cristo. Estábamos pescando en aquella tarde, después de haber pasado toda la mañana caminando. Ningún pez había mordido el anzuelo, pero mi guía no le daba la menor importancia a esto. Según él, el ejercicio de la pesca era más o menos un símbolo de la relación del hombre con el mundo: sabemos lo que queremos y vamos a conseguirlo si perseveramos, pero el tiempo necesario para alcanzar el objetivo depende de la ayuda de Dios.

—Siempre es bueno hacer algo lento antes de tomar una decisión importante en la vida —dijo—. Los monjes zen se quedan escuchando crecer las rocas. Yo prefiero pescar.

Pero a aquella hora, con el calor que hacía, hasta los peces rojos y perezosos, casi a flor de agua, no tomaban en cuenta el anzuelo. Estar con el sedal dentro o fuera del agua daba lo mismo. Resolví desistir y dar un paseo por los alrededores. Fui hasta el viejo cementerio abandonado, cerca del río. Me llamó la atención el tamaño de aquella puerta, tan desproporcionada. Volví junto a Petrus y le pregunté sobre el cementerio.

—La puerta era de un antiguo hospital de peregrinos —dijo—. Pero fue abandonado. Más tarde, alguien tuvo la idea de aprovechar la fachada y construir el cementerio.

—Que también está abandonado.

—Así es. En esta vida las cosas no duran mucho.

Le dije que la noche anterior había sido muy duro al juzgar a las personas que estaban en la fiesta. Petrus se sorprendió de mi opinión. Aseguró que lo que habíamos conversado era, ni más ni menos, lo que ya habíamos pasado en nuestras propias vidas personales. Todos corremos en busca de Eros, y cuando Eros quiere transformarse en Philos, hallamos que el Amor es inútil, sin darnos cuenta de que Philos es el que nos conduce hasta la expresión suprema del amor: Ágape.

—Háblame más de Ágape —pedí.

Petrus respondió que Ágape no podía ser discutido; era necesario vivirlo. Si se presentase la ocasión, él me mostraría, incluso esa misma tarde, una de las caras de Ágape. Pero para esto era necesario que el Universo se comportase como el ejercicio de la pesca: colaborando para que todo saliera bien.

—El Mensajero ayuda, pero existe algo que está más allá del dominio del Mensajero, de sus deseos y de ti mismo.

—¿Y qué es eso?

—La chispa divina. Lo que las personas llaman Suerte.

Por la tarde reanudamos la caminata.

La Ruta Jacobea atravesaba viñas y campos cultivados. A aquella hora estaban desiertos. Cruzamos la carretera principal, también desierta, y nos dirigimos al bosque frondoso. A lo lejos podía verse el pico de San Lorenzo, el punto más alto del reino de Castilla.

Muchas cosas habían cambiado en mí desde que encontrara a Petrus por primera vez en Saint-Jean-Pied-de-Port. Brasil y los asuntos pendientes casi se habían borrado de mi mente. La única cosa vívida era mi objetivo, discutido todas las noches con Astrain que cada vez aparecía más nítido para mí. Conseguía verlo siempre sentado a mi lado. Me di cuenta de que tenía un tic nervioso en el ojo derecho y que solía sonreír con desdén cuando yo repetía algo para asegurarme que lo había entendido bien.

Algunas semanas antes, especialmente en los primeros días, llegué a temer que no sería capaz de completar el Camino. Cuando pasamos por Roncesvalles, sentía un profundo cansancio de todo, un deseo de llegar pronto a Santiago, recuperar mi espada y volver para ejecutar eso que Petrus llamaba el Buen Combate*. Pero los apegos a la civilización, abandonados de tan mal humor, estaban ahora casi olvidados. En aquel momento, me preocupaba el sol sobre mi cabeza y la excitación de probar Ágape.

Bajamos un barranco y cruzamos un arroyo, haciendo un gran esfuerzo para subir la cuesta en la ribera opuesta. Aquel arroyo debió de ser en el pasado un río de aguas bravas, rugiendo y cavando el suelo en busca de las profundidades y de los secretos de la tierra. Ahora sólo era un riachuelo que podía ser cruzado a pie. Pe-

---

* En verdad, después supe que el término había sido creado por san Pablo.

ro su obra, el enorme lecho que había cavado, estaba aún allí, y me obligaba a hacer un gran esfuerzo para vencerlo. "En esta vida las cosas no duran mucho", como había dicho Petrus algunas horas antes.

—Petrus, ¿amaste mucho?

La pregunta salió espontáneamente y me sorprendí de mi audacia. Hasta ese momento sabía sólo lo esencial sobre la vida privada de mi guía.

—Tuve muchas mujeres, si es eso lo que quieres saber. Y amé mucho a cada una de ellas. Pero solamente con dos de ellas sentí la sensación de Ágape.

Le conté que yo también había amado mucho y que estaba empezando a preocuparme porque no conseguía interesarme por ninguna. De continuar así, tendría una vejez muy solitaria y eso me daba mucho miedo.

—Contrata a una enfermera —rió—. En fin, no creo que estés buscando en el amor una jubilación confortable.

Eran casi las nueve de la noche cuando empezó a oscurecer. Los viñedos habían quedado atrás y estábamos en medio de un paisaje casi desértico. Miré en torno y pude distinguir, a lo lejos, una pequeña gruta enclavada en la piedra, igual a muchas grutas que ya habíamos pasado en el camino. Anduvimos un poco más y nos desviamos de las marcas amarillas, siguiendo derecho hacia una pequeña construcción. Cuando nos acercamos lo suficiente, Petrus gritó un nombre que no entendí y se detuvo para escuchar la respuesta. A pesar de estar aguzando el oído, no escuchamos nada. Petrus volvió a llamar y nadie respondió.

—Vamos, de todos modos —dijo.

Y nos dirigimos hacia allí.

Eran cuatro paredes blanqueadas de cal. La puerta estaba abierta, mejor dicho, no había puerta, sino un pequeño portillo de medio metro de altura afirmándose precariamente en sólo una bisagra. Dentro había una cocina hecha de piedras y algunas vasijas cuidadosamente apiladas en el suelo. Dos de ellas estaban llenas de trigo y papas.

Nos sentamos en silencio. Petrus encendió un cigarrillo y dijo que esperáramos un poco. Me di cuenta de que las piernas me dolían de cansancio, pero alguna cosa en esa gruta, en vez de calmarme, me excitaba. Y me habría atemorizado también si no fuese por la presencia de Petrus.

—Sea quien fuere el que vive aquí, ¿dónde duerme? —pregunté, quebrando el silencio.

—Ahí, donde estás sentado —dijo Petrus, señalando el suelo desnudo. Hice ademán de levantarme y salir, pero Petrus me pidió que me quedara exactamente donde estaba. Empecé a sentir frío.

Esperamos durante casi una hora. Petrus repitió dos veces más un nombre extraño. Al no obtener respuesta, desistió. Cuando pensé que nos levantaríamos para irnos, empezó a decir:

—Está presente aquí una de las dos manifestaciones de Ágape. No es la única, pero es una de las más puras. Quien conoce y siente Ágape, ve que en este mundo nada tiene importancia, excepto amar. Éste fue el amor que Jesús sintió por la humanidad y fue tan grande que sacudió las estrellas y cambió el curso de la historia del hombre. Su vida solitaria consiguió hacer lo que reyes, ejércitos e imperios no consiguieron.

"Durante milenios de la historia de la civilización, muchas personas fueron tomadas por este Amor que Devora. Ellas tenían tanto para dar, y el mundo exigía tan poco, que fueron obligadas a buscar los desiertos y lugares aislados, porque el Amor era tan intenso que las transfiguraba. Fueron los santos ermitaños que hoy conocemos.

"Para ti, y para mí también, que hemos sentido otra forma de Ágape, esta vida puede parecer dura, terrible. En cambio, el Amor que Devora hace que todo, absolutamente todo, pierda importancia. Estos hombres viven sólo para ser consumidos por su Amor.

Petrus me contó que aquí vivía un hombre llamado Alfonso. Que lo había conocido en su primera peregrinación a Compostela, mientras juntaba frutas para comer. Su guía, un hombre mucho más iluminado que él, era amigo de Alfonso y los tres habían hecho juntos el Ritual de Ágape o el Ritual del Globo Azul. Petrus dijo que había sido una de las experiencias más importantes de su vida y que cuando repetía este ejercicio, se acordaba de la ermita y de Alfonso. Había un tono de emoción en su voz; era la primera vez que notaba eso.

—Ágape es el Amor que Devora —repitió más de una vez, como si esta frase fuese la que mejor definiese aquella extraña especie de amor—. Luther King dijo, en cierta ocasión, que cuando Cristo decía que amáramos a nuestros enemigos, se refería a Ágape. Porque, según él, "es difícil querer a aquellos que nos hacen daño y que intentan arruinar aún más nuestros días".

"Pero Ágape es algo que va más allá del simple querer. Es un sentimiento que todo lo invade, que llena todos los vacíos y hace que cualquier tentativa de agresión se torne en polvo.

"Tú aprendiste a renacer, a no ser cruel contigo mismo, a conversar con tu Mensajero. Pero de aquí en adelante todo lo que consigas sacar de provechoso del Camino de Santiago sólo tendrá sentido si es tocado por el Amor que Devora.

Le recordé que él había dicho que existían dos formas de Ágape y que seguramente él no había sentido la primera forma, puesto que no se había transformado en un ermitaño.

—Tienes razón. Tanto tú como yo, y como la mayoría de los peregrinos que cruzaron el Camino de Santiago a través de las Palabras de RAM, sintieron otra forma de Ágape: el Entusiasmo.

"Entre los antiguos, Entusiasmo significa trance, arrebato, comunicación con Dios. El Entusiasmo es Ágape dirigido a alguna idea, alguna cosa. Todos ya pasamos por esto. Cuando amamos y creemos desde el fondo de nuestra alma en algo, nos sentimos más fuertes que el mundo, y sentimos una serenidad que nace de la seguridad de que nada podrá vencer nuestra fe. Esta extraña fuerza nos ayuda a que siempre tomemos las decisiones correctas en el momento exacto, y cuando alcanzamos nuestros objetivos, nos sorprendemos de nuestra propia capacidad. Porque durante el Buen Combate, nada más tiene importancia; estamos siendo llevados, a través del Entusiasmo, hasta nuestra meta.

"El Entusiasmo se manifiesta normalmente con todo su poder en los primeros años de nuestra vida. Tenemos aún un fuerte lazo con la divinidad y nos lanzamos con tantas ganas en nuestros juguetes, que las muñecas cobran vida y los soldaditos de plomo pueden marchar. Cuando Jesús dijo que el Reino de los Cielos era de los niños, se refería a Ágape bajo la forma de Entusiasmo. Los niños se acercaron a Él, no por sus milagros, su sabiduría, ni por los fariseos o los apóstoles. Fueron alegres, movidos por el Entusiasmo.

Le conté a Petrus que, justamente aquella tarde, me había dado cuenta de que estaba totalmente comprometido con el Camino de Santiago. Los días y las noches por las tierras de España casi me habían hecho olvidar mi espada y se habían vuelto una experiencia única, imborrable. Todo lo demás había perdido importancia.

—Esta tarde intentamos pescar y los peces no mordieron el anzuelo —dijo Petrus—. Normalmente dejamos que el Entusiasmo se escape de nuestras manos en esas pequeñas cosas, que no tienen la menor importancia frente a la grandeza de cada existencia. Perdemos el Entusiasmo debido a nuestras pequeñas pero necesarias derrotas durante el Buen Combate. Y como no sabemos que el Entusiasmo es una inmensa fuerza, responsable de la victoria final, la dejamos escapar por entre los dedos, sin advertir que estamos dejando escapar también el verdadero sentido de nuestras vidas. Culpamos al mundo por nuestro tedio, por nuestra derrota, y nos olvidamos de que fuimos nosotros mismos los que dejamos escapar esta fuerza arrebatadora que todo lo justifica: la manifestación de Ágape bajo la forma de Entusiasmo.

Volvió a mí la imagen del cementerio que había cerca del río. Aquella puerta descomunal, extraña, era una representación exacta del sentido que se perdía. Detrás de aquella puerta, apenas los muertos.

Como si adivinara mi pensamiento, Petrus empezó a hablar del mismo tema.

—Hace algunos días, debiste de sorprenderte al verme perder la cabeza con un pobre muchacho que había derramado un poco de café en mis pantalones, inmundos ya por el polvo del camino. En realidad, todo mi nerviosismo fue provocado porque en los ojos de aquel mozo vi el Entusiasmo yéndose, vaciándose, como se vacía la sangre por los puños cortados. Vi a ese chico tan fuerte, tan lleno de vida, comenzando a morir porque dentro de sí, en cada minuto, Ágape moría un poco. Tengo muchos años de vida y ya aprendí a convivir con estas cosas. Pero aquel joven, por sus maneras y por todo lo que presentí que podría traer de bueno para la humanidad, me causó tristeza. Estoy seguro de que mi agresividad hirió sus ímpetus y que, por lo menos por algún tiempo, detuve la muerte de Ágape.

"De la misma manera, cuando transmutaste el espíritu del perro de aquella mujer, sentiste Ágape en su estado puro. Fue un gesto noble que me hizo sentir contento de estar aquí y ser tu guía. Por todo esto, por primera vez en todo el Camino, voy a participar contigo de un ejercicio.

Y Petrus me enseñó el Ritual de Ágape o "El Ritual del Globo Azul".

—Voy a enseñarte cómo despertar el Entusiasmo, a crear la fuerza que se extenderá como un globo azul en torno al planeta —dijo él—. Para mostrar que te respeto por tu búsqueda y por lo que tú eres.

Hasta ese momento, Petrus nunca había opinado, ni a favor ni en contra de la manera como yo realizaba los ejercicios. Me había ayudado a interpretar el primer contacto con el Mensajero; me había ayudado a salir del trance en el Ejercicio de la Semilla, pero nunca, en ningún momento, se había interesado por los resultados que yo conseguía. Más de una vez le había preguntado por qué no quería saber cuáles eran mis sensaciones, y él me

EL RITUAL DEL GLOBO AZUL

Siéntese confortablemente y relájese. Trate de no pensar en nada.
1) Sienta qué bueno es gustar de la vida. Deje que su corazón
se sienta libre, amigo, por encima y lejos de las mezquindades
de los problemas que seguramente lo están molestando.
Empiece a cantar alguna canción de su infancia, bajito.
Imagine que su corazón crece, llenando la habitación —y
después la casa— de una luz intensa, brillante.
2) Cuando llegue a este punto, empiece a sentir la presencia
amiga de los Santos en quienes usted depositó su fe cuando
era niño. Note que ellos están presentes, llegando de todos los
lugares, sonriendo y dándole fe y confianza en la vida.
3) Mentalmente, vea los Santos aproximándose, colocando las
manos sobre su cabeza y deseándole amor, paz y comunión.
La comunión de los Santos.
4) Cuando esta sensación sea intensa, sienta que la luz azul es
un flujo que entra y sale de su cuerpo, como un río brillante,
en movimiento. Esta luz azul empieza a extenderse por la
casa, después por el barrio, su ciudad, su país y envuelve a
todo el mundo en un inmenso globo azul. La luz es la
manifestación del Amor Mayor, que está más allá de las
batallas diarias y que le refuerza, le da vigor, energía y paz.
5) Mantenga esta luz el máximo de tiempo posible derramada
por el mundo. Su corazón está abierto, esparciendo Amor.
Esta fase del ejercicio no debe demorar más de cinco
minutos.
6) Vaya poco a poco saliendo del trance y volviendo a la
realidad. Los Santos permanecerán cerca. La luz azul seguirá
derramada por el mundo.
Este Ritual puede y debe ser realizado con más de una
persona. En este caso, las personas deben estar tomadas de la
mano.

había respondido que su única obligación, como guía, era mostrarme el Camino y las Prácticas de RAM. Me concernía a mí disfrutar o despreciar los resultados.

Cuando dijo que participaría conmigo del ejercicio, de pronto me sentí indigno de sus elogios. Conocía mis fallos y muchas veces había dudado de su capacidad para guiarme por el Camino. Quise decirle todo esto, pero él me interrumpió antes de que empezara siquiera a hablar.

—No seas cruel contigo mismo, o estarás demostrando que no aprendiste la lección que te enseñé antes. Sé gentil, acepta un elogio que, por lo demás, mereces.

Mis ojos se llenaron de lágrimas. Petrus tomó mis manos y salimos. La noche estaba muy oscura. Me senté a su lado y empezamos a cantar. La música fluía de mi interior y él me seguía sin esfuerzo. Comencé a batir palmas, bajito, mientras balanceaba mi cuerpo adelante y atrás. Las palmas fueron aumentando de intensidad y la música saliendo suelta de mi interior, un canto de alabanza al cielo oscuro, a la planicie desértica, a las rocas sin vida. Empecé a ver los santos en los que creía cuando era niño y que la vida había apartado de mí, porque yo también había matado una parte de Ágape. Pero ahora, el Amor que Devora volvía generoso y los Santos sonreían en los cielos, con la misma cara y la misma intensidad con que yo los veía cuando era niño.

Abrí los brazos para que Ágape fluyese. Una misteriosa corriente de luz azul brillante empezó a entrar y salir de mí, lavando mi alma, perdonando los pecados. La luz se extendió primero por el paisaje y después envolvió el mundo y empecé a llorar. Lloraba porque estaba reviviendo el Entusiasmo; era un niño frente a la vida y nada en aquel momento podía causarme daño alguno. Sentí que una presencia llegaba cerca de nosotros y se sentaba a mi derecha; imaginé que era mi Mensajero, y que él era el único que podía ver esa luz azul entrando y saliendo de mí y derramándose por el mundo. La luz fue aumentando de intensidad y sentí que envolvía el mundo entero, entraba en cada puerta y en cada rincón, y alcanzaba, por lo menos por alguna fracción de segundo, a cada ser vivo.

Sentí que sujetaban mis manos que tenía abiertas y extendidas al cielo. En ese momento el flujo de luz aumentó tanto y se hizo tan fuerte, que pensé que me desmayaría. Pero conseguí mantenerlo durante algunos minutos más, hasta terminar la música que estaba cantando.

Entonces me relajé, sintiéndome exhausto, aunque libre y contento con la vida y con lo que acababa de suceder. Las manos que sujetaban las mías se soltaron. Noté que una de ellas era de Petrus, y presentí, en el fondo de mi corazón, de quién era la otra.

Abrí los ojos y a mi lado estaba el monje Alfonso. Sonrió y me dio las buenas noches. Sonreí también y volví a tomar su mano, apretándola fuerte contra mi pecho. Él dejó hacer y después la soltó con delicadeza.

Ninguno de los tres dijo nada. Después de un tiempo, Alfonso se levantó y salió a la planicie rocosa. Le seguí con la mirada hasta que la oscuridad lo ocultó por completo.

Petrus rompió el silencio poco después. No hizo ninguna mención de Alfonso.

—Haz este ejercicio cada vez que puedas y, poco a poco, Ágape irá de nuevo a vivir en ti. Repítelo antes de comenzar un proyecto, en los primeros días de cualquier viaje o cuando sientas que algo te emociona mucho. Si es posible, hazlo con alguien con quien te agrade estar. Es un ejercicio para ser compartido.

Allí estaba nuevamente el viejo Petrus, técnico, instruc-
tor y guía, del cual yo sabía tan poco. La emoción que
había demostrado en la cabaña se había desvanecido. Sin
embargo, cuando había tocado mi mano durante el ejercicio pude sentir la grandeza de su alma.

Volvimos a la ermita blanca donde estaban nuestras
cosas.

—Su ocupante no volverá hoy. Podemos dormir aquí
—dijo Petrus, acostándose.

Yo desenrollé el saco de dormir, tomé un trago de vino y me acosté también. Estaba extenuado con el Amor
que Devora. Pero mi cansancio estaba libre de tensiones,
y antes de cerrar los ojos recordé al monje barbudo y delgado que me había deseado buenas noches y se había
sentado a mi lado. En algún lugar allá afuera, ese hombre estaba siendo consumido por la llama divina. Tal vez
por eso la noche estaba tan oscura, porque él había con-
densado en sí toda la luz del mundo.

La muerte

U stedes son peregrinos? —preguntó la anciana que nos servía el desayuno.

Estábamos en Azofra, un pueblecito de pequeñas casas con escudos medievales en las fachadas y con una fuente donde minutos antes habíamos llenado nuestras cantimploras.

Respondí que sí y los ojos de la mujer mostraron respeto y orgullo.

—Cuando era niña, pasaba por aquí por lo menos un peregrino por día camino de Compostela. Después de la guerra y de Franco no sé qué pasó, pero parece que las peregrinaciones cesaron. Deberían hacer una carretera. Hoy las personas prefieren andar sólo en coche.

Petrus no dijo nada. Había despertado de mal humor. Yo concordé con la mujer y quedé imaginándome una carretera nueva, asfaltada, subiendo y bajando montañas y valles, coches con vieiras pintadas en el capó y tiendas de *souvenirs* en las puertas de los conventos. Terminé de tomar el café con leche y el pan con aceite. Mirando la guía de Aymeric Picaud, calculé que durante la tarde deberíamos llegar a Santo Domingo de la Calzada y planeé dormir en el Parador Nacional. Estaba gastando mucho menos dinero del previsto a pesar de comer siempre tres veces al día. Era hora de hacer alguna extravagancia y dar a mi cuerpo el mismo trato que le estaba dando a mi estómago. Había despertado con una extraña prisa, con ganas de llegar pronto a Santo Domingo, una sensación que dos días antes, cuando caminábamos hacia la ermita, estaba convencido de que no volvería a sentir. Petrus estaba también más melancólico, más callado de lo habitual, tal vez por el encuentro con Alfonso dos días antes. Sentí un intenso deseo de invocar a Astrain y conversar un poco con él de todo esto. Nunca había hecho la invocación por la mañana y no sabía si la idea resultaría. Desistí de hacerlo.

Terminamos nuestros desayunos y reanudamos nuestra caminata. Cruzamos una casa medieval con su blasón; las ruinas de una antigua posada de peregrinos y un parque provinciano en los límites del poblado. Cuando me preparaba para internarme de nuevo en los campos, sentí una fuerte presencia a mi lado izquierdo. Continué andando, pero Petrus me detuvo. —No sirve de nada correr —dijo—. Deténte y afronta lo que sea.

Quise zafarme de Petrus y seguir adelante. Sentía una sensación desagradable en el estómago. Por un momento le eché la culpa al pan con aceite que había comido para desayunar, pero era inútil engañarme: ya antes había tenido esa sensación espasmódica y sabía lo que era. Tensión. Tensión y miedo.

—¡Mira para atrás! —la voz de Petrus tenía un tono de urgencia—. ¡Mira antes de que sea demasiado tarde!

Me di la vuelta rápidamente. A mi lado izquierdo vi una pequeña casa abandonada con la vegetación agostada por el sol invadiendo su interior. Un olivo elevaba sus ramas retorcidas al cielo. Y entre el olivo y la casa, mirando fijamente, estaba el perro.

Un perro negro. El mismo perro que yo había expulsado de la casa de la mujer algunos días atrás.

Perdí la noción de la presencia de Petrus y me quedé mirando fijamente a los ojos del animal. Algo dentro de mí —tal vez Astrain o la voz de mi ángel de la guarda— me decía que si yo desviaba mis ojos, el perro me atacaría. Nos quedamos así, uno mirando a los ojos del otro durante interminables minutos. Yo sentía que después de haber comprobado toda la grandeza del Amor que Devora, estaba de nuevo frente a las amenazas diarias y constantes de la existencia. Quedé pensando por qué el animal me había seguido hasta tan lejos y qué era lo que quería. Yo era un peregrino buscando una espada y no tenía ganas de crear problemas con personas o animales por el camino.

Quise decir todo esto con la mirada, recordando los monjes del convento que sólo se comunicaban así. Pero el perro ni se movió. Continuaba mirándome fijamente, sin emoción alguna, pero listo para atacarme si me distraía o mostraba miedo.

¡Miedo! Me di cuenta de que el miedo había desaparecido. La situación me parecía demasiado estúpida para tenerlo. Mi estómago continuaba contraído y sentía ganas de vomitar debido a la fuerte tensión, pero ya no tenía miedo. Algo me decía que si lo tuviese y lo demostrara, el perro me atacaría, derribándome como ya lo había hecho antes. No debía desviar la mirada, ni siquiera cuando presentí que, por un atajo a mi derecha, un bulto se aproximaba.

El bulto se detuvo un instante y luego caminó directamente hacia nosotros. Cruzó exactamente la línea de nuestras miradas diciendo algo que no conseguí entender. Era una voz femenina y su presencia era buena, amiga y positiva.

En la fracción de segundo que el bulto pasó entre mis ojos y los del perro, mi estómago se relajó. Tenía un amigo poderoso que estaba allí ayudándome en aquella absurda e innecesaria lucha. Cuando el bulto terminó de pasar, el perro había bajado los ojos. Dando un salto, corrió hacia la parte posterior de la casa abandonada y lo perdí de vista.

Sólo en ese momento mi corazón se disparó de miedo. Fue tan intensa la taquicardia que quedé atontado y pensé que hasta podía desmayarme. Mientras todo daba vueltas a mi alrededor, traté de mirar la carretera por donde Petrus y yo habíamos pasado, tratando de ver el bulto que me dio fuerzas para derrotar al perro.

Era una monja. Estaba de espaldas caminando para Azofra. No podía verle el rostro, pero calculé, recordando su voz, que debía de tener unos veintitantos años. Miré el camino por donde ella vino. Era un atajo que no llevaba a ningún lugar.

—¡Fue ella…, fue ella la que me ayudó! —murmuré mientras sentía que mi mareo aumentaba.

—No te inventes más fantasías en un mundo ya extraordinario —me dijo Petrus, acercándose y tomándome de un brazo—. Ella venía de un convento en Cañas, que queda a unos cinco kilómetros.

Mi corazón continuaba disparado y estaba convencido de que terminaría mal. Estaba demasiado aterrorizado como para seguir hablando o para pedir explicaciones. Me senté en el suelo y Petrus mojó mi frente y la nuca con un poco de agua. Recordé que había hecho lo mismo cuando salimos de la casa de la mujer, sólo que en aquel día yo estaba llorando y sintiéndome bien. Ahora la sensación era exactamente al revés.

Petrus me dejó descansar el tiempo suficiente. El agua

me reanimó un poco y las náuseas empezaron a desaparecer. Lentamente, las cosas volvían a la normalidad. Cuando me sentí más reanimado, Petrus sugirió que camináramos un poco y yo obedecí. Anduvimos unos quince minutos, pero mi debilidad volvió. Nos sentamos al pie de una columna medieval con una cruz encima, que marcaba algunos trechos de la Ruta Jacobea.

—El miedo te causó mucho más daño que el perro —comentó Petrus, mientras yo descansaba.

Quise saber el porqué de ese absurdo encuentro.

—En la vida y en el Camino de Santiago ocurren ciertas cosas independientemente de nuestra voluntad. En nuestro primer encuentro, te dije que había leído en los ojos del gitano el nombre del demonio que tendrías que desafiar. Quedé muy sorprendido al saber que era un perro, pero en esa ocasión no hice ningún comentario. Sólo cuando llegamos a la casa de la mujer y manifestaste por primera vez el Amor que Devora fue cuando vi a tu enemigo.

"Cuando alejaste el perro de aquella señora, no lo colocaste en ningún lugar. Nada se pierde, todo se transforma, ¿verdad? Tú no lanzaste los espíritus en una manada de puercos que se arrojaron por un despeñadero, como lo hizo Jesús. Tú simplemente apartaste el perro. Ahora esta fuerza vaga sin rumbo tras de ti. Antes de encontrar tu espada tienes que decidir si deseas ser esclavo o señor de esta fuerza.

Mi cansancio estaba desapareciendo. Respiré a fondo sintiendo la piedra fría en mis espaldas. Petrus me dio un poco de agua y prosiguió:

—Los casos de obsesión se presentan cuando las personas pierden el dominio de las fuerzas de la tierra. La maldición del gitano dejó a esa mujer con miedo, y el miedo abrió una brecha por donde entró el Mensajero del muerto. Aunque esto no es común, tampoco es un caso raro. Depende mucho de cómo reacciones ante las amenazas de los otros.

Ahora fui yo el que me acordé de un pasaje de la Biblia. En el Libro de Job está escrito: "Todo aquello que más temía, sucedió."

—Una amenaza no puede provocar nada, si no se acepta. Al desafiar el Buen Combate, nunca te olvides de esto, como tampoco debes olvidar que atacar o huir forman parte de la lucha. Lo que no corresponde a la lucha es quedarse paralizado de miedo.

No lo sentí en aquel momento. Estaba sorprendido conmigo mismo y comenté el asunto con Petrus.

—Lo noté. En caso contrario, el perro te habría atacado y seguramente te habría vencido. Porque el perro tampoco tenía miedo. Lo más gracioso fue, sin embargo, la llegada de aquella monja. Al presentir una presencia positiva, tu fértil imaginación creyó que alguien venía a ayudarte. Y esta fe te salvó, aunque estaba apoyada en un hecho falso.

Petrus tenía razón. Soltó una carcajada y yo reí con él. Nos levantamos para reanudar la caminata. Ya me sentía mejor y bien dispuesto.

—Necesitas saber otra cosa —dijo Petrus mientras caminábamos—. El duelo con el perro sólo puede acabar cuando uno de los dos consiga la victoria sobre el otro. Él volverá a aparecer. Esa próxima vez, trata de llevar la lucha hasta el final. De lo contrario, su fantasma será tu preocupación por el resto de tu vida.

En el encuentro con el gitano, Petrus me había insinuado que conocía el nombre de aquel demonio. Le pregunté cuál era.

—Legión —respondió—. Porque son muchos.

Caminábamos por tierras que los campesinos estaban preparando para la siembra. Aquí y allí algunos labradores manejaban rudimentarias bombas de agua, en la lucha casi secular contra el árido suelo. En las márgenes del Camino de Santiago, piedras perfectamente apiladas formaban muros interminables que se cruzaban y se confundían con los diseños del campo. Pensé en los muchos siglos que llevaban trabajando esas tierras, y a pesar de eso, siempre aparecía alguna piedra que era necesario sacar u otra que rompía la hoja del arado, que dejaba rengo a un caballo, que dejaba callos en los manos de los campesinos. Una lucha que cada año comenzaba y no terminaba nunca.

Petrus estaba más quieto que de costumbre, y caí en la cuenta de que desde la mañana él no había hablado. Se había encerrado en un mutismo total y no respondía a la mayor parte de mis preguntas. Yo quería información más amplia de aquella historia de "muchos demonios". Él me había explicado que cada persona tiene apenas un Mensajero. Pero Petrus no estaba dispuesto a hablar del asunto y decidí esperar una mejor ocasión.

Ascendimos por un pequeño promontorio y, cuando llegamos arriba, pude ver la torre principal de la iglesia de Santo Domingo de la Calzada. La visión me animó; empecé a soñar con las comodidades y la magia del Parador Nacional. Por lo que había leído, el predio había sido construido por el propio santo Domingo para hospedar a los peregrinos. Cierta noche, había pernoctado allí el propio san Francisco de Asís, en su caminata a Compostela. Todo aquello me llenaba de excitación.

Debían de ser casi las siete de la tarde cuando Petrus sugirió que parásemos. Me acordé de Roncesvalles, de la caminata lenta cuando necesitaba tanto de un vaso de vino, y temí que estuviera preparando algo semejante.

—Un Mensajero jamás te ayudará a vencer a otro. Ellos no son buenos ni malos, como te dije antes, pero tienen sentimientos de lealtad entre sí. No confíes en Astrain para derrotar al perro.

Ahora era yo el que no estaba dispuesto a hablar de Mensajeros. Quería llegar pronto a Santo Domingo.

—Los Mensajeros de los muertos pueden ocupar el cuerpo de una persona dominada por el miedo. Es por eso que, como en el caso del perro, ellos son muchos. Fueron convidados por el miedo de la mujer. No sólo el del gitano asesinado, sino los diversos Mensajeros que vagan por el espacio, buscando una manera de entrar en contacto con las fuerzas de la tierra.

Sólo ahora estaba respondiendo a mis preguntas. Pero había algo en su forma de hablar que parecía artificial, como si no fuera ése el asunto que quería hablar conmigo. Mi instinto me puso inmediatamente sobre aviso.

—¿Qué quieres, Petrus? —pregunté con cierta irritación.

Mi guía no respondió. Salió del camino y fue hasta un viejo árbol, casi sin hojas, que quedaba a algunas docenas de metros del campo y que era el único árbol visible en todo el horizonte. Como no hizo ni una señal para que lo siguiera, me quedé de pie en el camino. Y fui espectador de una extraña escena: Petrus daba vueltas alrededor del árbol diciendo algo en voz alta mientras examinaba el suelo. Cuando terminó, me hizo señas para que me acercara.

—Siéntate aquí —dijo. Había un tono diferente en su voz y no pude saber si era de cariño o de pena—. Aquí te quedarás. Mañana nos encontraremos en Santo Domingo de la Calzada.

Antes que pudiese decir nada, Petrus continuó:

—Cualquier día de éstos, y te aseguro que no será hoy, tendrás que hacer frente a tu enemigo más importante en el Camino de Santiago: el perro. Cuando llegue ese día, quédate tranquilo, porque estaré cerca para darte fuerzas y para ayudarte en el combate. Pero hoy te enfrentarás con otro tipo de enemigo, un enemigo ficticio que puede destruirte o ser tu mejor amigo: la Muerte.

"El hombre es el único ser en la naturaleza que tiene conciencia de que va a morir. Por esto, y sólo por esto, tengo un profundo respeto por la raza humana, y creo que su futuro será mucho mejor que su presente. Aunque sabe que sus días están contados y todo acabará cuando menos espera, él hace de la vida una lucha digna de un ser eterno. Lo que las personas llaman vanidad: dejar obras, hijos, tratar de que su nombre no sea olvidado, yo lo considero como la máxima expresión de la dignidad humana.

"Ocurre que, frágil creatura, intenta siempre esconder de sí mismo la gran certeza de la Muerte. No se da cuenta de que es ella la que lo motiva a realizar las mejores cosas de su vida. Tiene miedo del paso en la oscuridad, del gran terror de lo desconocido, y su única manera de vencer este miedo es olvidando que sus días están contados. No se da cuenta de que, con la conciencia de la Muerte, sería capaz de ser más osado, de ir mucho más lejos en sus conquistas diarias, porque no tiene nada que perder, ya que la Muerte es inevitable.

La posibilidad de pasar la noche en Santo Domingo me parecía muy remota. Acompañaba con interés las palabras de Petrus. En el horizonte, frente a nosotros, el sol comenzó a morir. Tal vez también estuviera escuchando aquellas palabras.

—La Muerte es nuestra compañera, porque es ella la que da el verdadero sentido a nuestras vidas. Pero para poder ver el verdadero rostro de nuestra Muerte tenemos que conocer todas las inquietudes y terrores que la simple mención de su nombre es capaz de despertar en cualquier ser vivo.

Petrus se sentó al pie del árbol y me pidió que hiciera lo mismo. Dijo que, momentos antes, había dado vueltas en torno de su tronco porque se acordaba de todo lo que había pasado cuando era peregrino de Santiago. Después, sacó de la mochila dos bocadillos que había comprado a la hora del almuerzo.

—Aquí donde estás no existe el menor peligro —dijo, entregándome los bocadillos—. No existen serpientes venenosas, y el perro sólo volverá a atacarte cuando olvide la derrota de esta mañana. Tampoco hay asaltantes por las cercanías. Estás en un lugar absolutamente seguro, con una única excepción: tu miedo.

Petrus me dijo que dos días antes yo había tenido una sensación tan intensa y tan violenta como la muerte, que era el Amor que Devora. Y que en ningún momento había yo vacilado o sentido miedo, porque no tenía prejuicios respecto al amor universal. En cambio, todos nosotros teníamos prejuicios en relación a la Muerte, sin darnos cuenta de que ella no es otra cosa que una manifestación más de Ágape. Respondí que con todos los años de entrenamiento en magia, yo prácticamente había perdido el miedo a la Muerte. En realidad, me daba más pánico la manera de morir que la Muerte en sí.

—Pues, entonces, esta noche, prueba la forma más horrorosa de morir.

Y Petrus me enseñó "El Ejercicio del Enterrado Vivo".

—Debes hacerlo sólo una vez —dijo mientras yo re-

EL EJERCICIO DEL ENTERRADO VIVO

Acuéstese en el suelo y relájese. Cruce las manos sobre el pecho, en la postura de muerto.

Imagine todos los detalles de su entierro, si fuese realizado mañana. La única diferencia es que usted está siendo enterrado vivo. A medida que la historia va desarrollándose: iglesia, la caminata a la sepultura, la bajada del cajón, los gusanos en la tumba, usted va estirando cada vez más los músculos, en un desesperado esfuerzo para moverse. Pero no se mueve. Hasta que, no pudiendo aguantar más, con un movimiento que abarque todo su cuerpo, revienta el cajón y tira las tablas para todos lados, respira profundamente y está libre. Este movimiento tendrá más efecto si es acompañado de un grito, un grito que salga de las profundidades de su cuerpo.

cordaba un ejercicio de teatro muy parecido—. Es necesario que despiertes toda la verdad, todo el miedo imprescindible para que el ejercicio pueda surgir de las raíces de tu alma y dejar caer la máscara de horror que cubre la faz gentil de tu Muerte.

Petrus se levantó y su silueta se recortó en el cielo incendiado por el crepúsculo. Como yo continuaba sentado, daba la impresión de una figura imponente, gigantesca.

—Petrus, tengo todavía una pregunta.

—¿Cuál?

—Esta mañana tú estabas callado y extraño. Antes de mí presentiste la llegada del perro. ¿Cómo es posible?

—Cuando juntos sentimos el Amor que Devora, compartimos el Absoluto. El Absoluto muestra a los hombres lo que ellos realmente son, una inmensa pantalla que refleja causas y efectos, donde cada gesto de uno repercute en la vida de otro. En la mañana de hoy, esta parte del Absoluto todavía permanecía muy viva en mi alma. No sólo me daba cuenta de tu presencia sino de todo lo que existe en el mundo, sin límites de espacio o tiempo. Ahora el efecto se ha debilitado, y sólo volverá la próxima vez que realice el ejercicio del Amor que Devora.

Me acordé del malhumor de Petrus en esa mañana. Si era verdad lo que decía, el mundo estaba pasando por un momento muy difícil.

—Te estaré esperando en el Parador —dijo mientras se alejaba—. Dejaré tu nombre en la recepción.

Lo acompañé con la mirada mientras pude. En los campos a mi izquierda, los labradores habían terminado el trabajo y volvían a sus casas. Decidí hacer el ejercicio en cuanto la noche cayese por completo.

Estaba tranquilo. Era la primera vez que estaba solo desde que había empezado la peregrinación del Camino de Santiago. Me levanté y di un paseo por las inmediaciones, pero la noche caía rápidamente y volví al árbol por miedo a perderme.

Antes de que la oscuridad fuese completa, marqué mentalmente la distancia del árbol al Camino. Como no había ninguna luz que alumbrara, sería perfectamente capaz de ver la marca del sendero y llegar hasta Santo Domingo apenas con el brillo de la pequeña luna nueva que comenzaba a mostrarse en el cielo.

Hasta aquel instante no sentía ningún miedo, y creía que sería necesaria mucha imaginación para despertar en mí los temores de una muerte horrible. Pero no importa cuántos años las personas vivan; cuando la noche cae, trae consigo las pesadillas escondidas en nuestra alma desde la infancia. Mientras más oscuro estaba, más incómodo me sentía.

Estaba allí, solo en medio del campo, y si gritara nadie me escucharía. Recordé que por la mañana había estado al borde de un colapso: nunca mi corazón había latido de forma tan descontrolada.

¿Y si hubiese muerto? La vida se habría acabado, era la conclusión más lógica. Durante mi trayectoria en la Tradición, conversé con muchos espíritus. Tenía seguridad absoluta de la existencia de la vida después de la muerte, pero nunca se me ocurrió preguntar cómo se producía la transición. Pasar de una dimensión a otra, por más preparado que uno esté, debe de ser terrible. Si hubiera muerto aquella mañana, por ejemplo, no tendría el menor sentido el Camino de Santiago, ni los años de estudio, las nostalgias de la familia, o el dinero escondido en mi cinturón. Me acordé de una planta que tenía encima de mi mesa de trabajo, en Brasil. La planta permanecería, como seguirían existiendo las otras plantas, los autobuses, el verdulero de la esquina que siempre cobraba más caro, la telefonista que me informaba de los números que no aparecían en el listín... Todas estas pequeñas cosas, que podían desaparecer si yo hubiese tenido un colapso esa mañana, cobraron de repente una enorme importancia para mí. Eran ellas, y no las estrellas o la sabiduría, las que me decían que yo estaba vivo.

La noche estaba ahora bien oscura, y en el horizonte podía distinguir el brillo de la ciudad. Me acosté en el suelo y contemplé las ramas del árbol por encima de mi cabeza. Empecé a sentir extraños ruidos. Ruidos de toda especie. Eran los animales nocturnos que salían a cazar. Petrus no lo podía saber todo si era tan humano como yo. ¿Qué garantía podía tener de que realmente no había serpientes venenosas? Y los lobos, los eternos lobos europeos, ¿no podrían haber resuelto pasar esa noche por aquí, sintiendo mi olor? Un ruido más fuerte, como el de una rama que se quiebra, me asustó y mi corazón se disparó de nuevo.

Me estaba poniendo muy tenso. Lo mejor sería hacer luego el ejercicio e ir al hotel. Empecé por relajarme; crucé las manos sobre el pecho en la postura de un muerto. Algo a mi lado se movió. Di un salto y al momento estaba de pie.

No era nada. La noche todo lo había invadido, trayendo consigo los terrores del hombre. Me tendí de nuevo, esta vez decidido a transformar cualquier tipo de miedo en un estímulo para el ejercicio. Noté que, a pesar de que la temperatura había bajado bastante, yo estaba sudando. Imaginé la urna siendo cerrada, los tornillos colocados en su lugar. Estaba inmóvil, pero vivo, y quería decirle a mi familia que estaba asistiendo a todo, que los amaba, pero ningún sonido salía de mi boca. Mi padre y mi madre, llorando; los amigos, rodeándome, ¡y yo estaba solo! Con tanta gente a mi alrededor, nadie era capaz de notar que yo estaba vivo, que aún no había hecho todo lo que deseaba realizar en este mundo. Quería desesperadamente abrir los ojos, hacer una señal, dar un golpe en la tapa de la urna. Pero mi cuerpo no se movía.

Sentí que el cajón se balanceaba; me estaban llevando a la tumba. Podía oír el ruido de las argollas rozándose con las manillas de hierro, los pasos de las personas atrás, una u otra voz conversando. Alguien dijo que tenía una cena más tarde; otro comentó que yo había muerto muy joven. El olor de las flores por encima de mi cabeza empezaba a sofocarme.

Recordé que había dejado de cortejar a dos mujeres por temor a ser rechazado. También me acordé de algunas ocasiones en que había dejado de hacer cosas pensando que podría hacerlas más tarde. Sentí una enorme pena de mí, no sólo porque estaba siendo enterrado vivo sino porque había tenido miedo de vivir. ¿Por qué sentir miedo de recibir un "no", de dejar las cosas para hacerlas después, si lo más importante de todo era gozar plenamente de la vida? Allí estaba, trancado en un ataúd, y ya era demasiado tarde para volver atrás y demostrar la valentía que debería haber tenido.

Allí estaba, yo que había sido mi propio Judas y me había traicionado a mí mismo. Allí estaba, sin poder mover un músculo, la cabeza gritando socorro y las personas allá afuera sumidas en la vida, preocupadas por lo que harían por la noche, mirando estatuas y edificios que yo nunca más volvería a ver. Un gran sentimiento de injusticia me invadió, por haber sido enterrado, mientras

los otros seguían vivos. Habría sido mejor sufrir todos
una gran catástrofe e ir juntos, en el mismo barco, en dirección al mismo punto negro para el cual me cargaban
ahora. ¡Socorro! ¡Estoy vivo, no morí, mi cabeza continúa funcionando!

Colocaron mi urna en el borde de la sepultura. ¡Me
van a enterrar! Mi mujer me olvidará, se casará con otro
y gastará el dinero que logramos juntar durante todos estos años. Pero ¿qué importancia tiene esto? ¡Yo quiero
estar con ella ahora, porque estoy vivo!

Escucho llantos; siento que de mis ojos también resba-
lan dos lágrimas. Si abriesen el cajón ahora me verían y
me salvarían. Mas todo lo que siento es el cajón bajando a la sepultura. De repente, todo queda oscuro. Antes
entraba un rayo de luz por el borde de la tapa, pero ahora la oscuridad es total. Las palas de los sepultureros están sellando la tumba ¡y yo estoy vivo! ¡Enterrado vivo!
Siento pesado el aire; el olor de las flores es sofocante y
escucho los pasos de las personas que se están yendo. El
terror es total. ¡No puedo moverme, y si todos se van,
dentro de poco nadie oirá mis golpes en la tumba!

Los pasos se alejan; nadie oye los gritos que da mi pensamiento; estoy solo en la oscuridad; el aire sofocante, el
olor de las flores comenzando a enloquecerme. De repente, oigo un ruido. Son los gusanos. Los gusanos que
vienen para devorarme vivo. Trato con todas mis fuerzas de mover alguna parte de mi cuerpo, pero todo está
rígido. Los gusanos comienzan a subir por mis pantalones. Uno de ellos entra en mi ano, otro se desliza por los
agujeros de mi nariz. ¡Socorro! Estoy siendo devorado vivo y nadie me escucha, nadie me dice nada. El gusano
que entró por la nariz, baja por mi garganta. Siento otro
entrando por mi oído. ¡Necesito salir de aquí! ¿Dónde es-

tá Dios que no oye mis súplicas? ¡Están devorando mi
garganta y no podré gritar nunca más! Están entrando
por todas partes: por el oído, por las comisuras de la boca, por el agujero del pene. Siento aquellas cosas pega-
josas y grasientas dentro de mí. ¡Tengo que gritar, tengo
que librarme! ¡Estoy encerrado en este túmulo oscuro y
frío, solo, devorado vivo! ¡Está faltando el aire y los gusanos me están comiendo! ¡Tengo que moverme, tengo
que reventar este cajón! ¡Dios mío, une todas mis fuerzas porque tengo que moverme! ¡TENGO QUE SALIR DE
AQUÍ, TENGO… QUE MOVERME! ¡VOY A MOVERME! ¡VOY
A MOVERME!

¡LO CONSEGUÍ!

Las tablas del cajón volaron por todos lados, la tumba
desapareció y yo llené el pecho del aire puro del Camino de Santiago. Mi cuerpo temblaba de la cabeza a los
pies, empapado de sudor. Me moví un poco y noté que
mis intestinos se habían soltado. Pero nada de eso tenía
importancia: estaba vivo.

El temblor continuaba y no hice el menor esfuerzo por
controlarlo. Una inmensa sensación de calma interior me
invadió. Sentí una especie de presencia a mi lado. Miré
y vi el rostro de mi Muerte; no era la muerte que yo había sufrido momentos antes, la muerte creada por mis terrores y por mi imaginación, sino la verdadera Muerte,
amiga y consejera, que no me dejaría ser cobarde ni un
solo día de mi vida. A partir de ahora, ella me ayudaría
más que la mano y los consejos de Petrus. No permitiría
que yo dejara para más adelante todo aquello que podía
vivir ahora. No me dejaría huir de las luchas de la vida,
y me ayudaría a afrontar el Buen Combate. Nunca más,
en momento alguno, me sentiría ridículo al hacer cualquier cosa. Porque allí estaba ella, diciendo que cuando

me tomara de las manos para juntos viajar a otros mundos, no debería cargar conmigo el mayor pecado de todos: el Arrepentimiento. Con la seguridad de su presencia, mirando su rostro gentil, estaba seguro de que iría a beber con avidez de la fuente de agua viva que era la existencia.

La noche no tenía más secretos ni terrores. Era una noche feliz, noche de paz. Cuando el temblor pasó, me levanté y caminé hasta las bombas de agua de los trabajadores del campo. Lavé los pantalones y me puse otros que traía en la mochila. Después, volví al árbol y me comí los dos bocadillos que Petrus me había dejado. Era el alimento más delicioso del mundo, porque yo estaba vivo y la Muerte ya no me asustaba.

Decidí dormir allí mismo. Después de todo, la oscuridad nunca había sido tan tranquila.

Los vicios personales

E stábamos en un campo enorme, un campo de trigo liso y monótono que se extendía por todo el horizonte. Lo único que rompía esa monotonía era una columna medieval que terminaba arriba en una cruz que marcaba el camino de los peregrinos. Cuando llegamos frente a la columna, Petrus dejó la mochila en el suelo y se arrodilló. Me pidió que hiciera lo mismo.

—Vamos a rezar. Vamos a rezar por la única cosa que es capaz de vencer a un peregrino cuando él encuentra su espada: sus vicios personales. Por más que él aprenda con los Grandes Maestros cómo manejar la hoja, una de sus manos será siempre su peor enemigo. Vamos a rezar para que, en el caso de que tú encuentres tu espada, la afirmes siempre con la mano que no te escandaliza.

Eran las dos de la tarde. No se oía ningún ruido. Petrus comenzó:

—Señor, ten piedad, porque somos peregrinos en Camino a Compostela y esto puede ser un vicio. Haced, en tu infinita bondad, que jamás podamos volver el conocimiento contra nosotros mismos.

"Ten piedad de los que sienten piedad de sí mismos y se hallan buenos y tratados con injusticia por la vida, porque no merecían las cosas que les sucedieron, pues éstos jamás van a conseguir entablar el Buen Combate. Y ten piedad de los que son crueles consigo mismos, y sólo ven la maldad en sus propios actos, sintiéndose culpables por las injusticias del mundo. Porque éstos no conocen Tu ley que dice: "Hasta los pelos de tu cabeza están contados."

"Ten piedad de los que mandan y de los que sirven muchas horas de trabajo, y se sacrifican a cambio de un domingo donde todo está cerrado y no existe un lugar adonde ir. Ten piedad de los que santifican su obra y van más allá de su propia locura y acaban endeudados o clavados en la cruz por sus propios hermanos. Porque éstos no conocieron Tu ley que dice: "Sé prudente como las serpientes y simple como las palomas."

"Ten piedad, porque el hombre puede vencer al mundo pero nunca afrontar el Buen Combate consigo mismo. Y ten piedad de los que vencieron el Buen Combate consigo mismos y ahora están por las esquinas y bares de la vida, porque no consiguieron vencer al mundo. Porque éstos no conocieron Tu ley que dice: "Quien observa mis palabras tiene que edificar su casa en la roca."

"Ten piedad de los que tienen miedo de tomar el pincel, la pluma, el instrumento, la herramienta porque creen que otros ya lo hicieron mejor que ellos y no se creen dignos de entrar en la Mansión portentosa de las Artes. Pero ten piedad de los que tomaron el pincel, la pluma, el instrumento, la herramienta y transformaron la Inspiración en una mezquina forma de sentirse superiores a los otros. Éstos no conocieron Tu ley que dice: "Nada está oculto sino para ser manifestado, y nada se hace escondido sino para ser revelado."

"Ten piedad de los que comen y beben, se hartan, mas son infelices en su abundancia. Pero ten piedad, también, de los que ayunan, censuran, prohíben y se sienten san-

tos y van a predicar Tu nombre por las plazas. Porque
éstos no conocieron Tu ley que dice: "Si declaro a favor
de mí mismo, mi testimonio no es verdadero."

"Ten piedad de los que le temen a la Muerte y desconocen los muchos reinos que recorrieron y las muchas
muertes que ya murieron, y son infelices porque piensan
que todo acabará un día. Pero ten piedad de los que ya
conocieron muchas muertes y hoy se juzgan inmortales,
porque desconocieron Tu ley que dice: "Quien no naz-
ca nuevamente, no podrá ver el Reino de Dios."

"Ten piedad por los que se esclavizan por el lazo de
seda del Amor, y se juzgan dueños de alguien, y sienten
celos y se matan con veneno y se torturan porque no
consiguen ver que el Amor cambia como el viento y como todas las cosas. Pero ten piedad de los que murieron
de miedo de amar y rechazaron el amor en nombre de
un Amor Mayor que no conocen, porque no conocen Tu
ley que dice: "Quien beba de esta agua nunca más volverá a sentir sed."

"Ten piedad de los que reducen el Cosmos a una explicación, Dios a una poción mágica, y el hombre a un
ser con necesidades básicas que deben ser satisfechas,
porque éstos nunca van a oír la música de las esferas. Pero ten piedad de los que poseen una fe ciega, y en los la-
boratorios transforman mercurio en oro y están cercados
de libros sobre los secretos del Tarot y el poder de las pi-
rámides. Porque éstos no conocieron Tu ley que dice: "Es
de los niños el Reino de los Cielos."

"Ten piedad de los que no ven a nadie, sino a sí mismos, y para quienes los otros son un escenario difuso y
distante cuando pasan por la calle en sus limusinas, y se
encierran en sus oficinas con aire acondicionado en el último piso y sufren en silencio la soledad del poder. Pero

ten piedad, también, de los que abrieron mano a todo y son caritativos e intentan vencer el mal apenas con amor, porque éstos desconocen Tu ley que dice: "Quien no tiene espada, que venda su capa y compre una."

"Ten piedad, Señor, de nosotros que buscamos y osamos empuñar la espada que prometiste y que somos un pueblo santo y pecador esparcido por la tierra, porque no nos reconocemos y muchas veces pensamos que estamos vestidos cuando en realidad estamos desnudos, pensamos que hemos cometido un crimen y en verdad hemos salvado a alguien. No os olvidéis en vuestra piedad de todos nosotros que empuñamos la espada con la mano de un ángel y la mano de un demonio afirmadas en el mismo puño. Porque estamos en el mundo, continuamos en el mundo y te necesitamos. Necesitamos siempre Tu ley que dice: "Cuando os mandé sin bolsa, sin alforjas y sin sandalias, nada os faltó."

Petrus dejó de rezar. El silencio continuaba. Miraba fijamente el campo de trigo alrededor nuestro.

La conquista

Llegamos una tarde a las ruinas de un antiguo castillo de la Orden del Temple. Nos sentamos a descansar. Petrus fumó su tradicional cigarrillo y yo bebí un poco del vino que había sobrado del almuerzo. Miré el paisaje a mi alrededor: algunas casas de labradores, la torre del castillo, el campo con ondulaciones, la tierra abierta, preparada para la siembra. De repente, a mi derecha, pasando por los muros en ruinas, apareció un pastor que volvía del campo con sus ovejas. El cielo estaba rojo, y el polvo levantado por los animales dejó el paisaje difuso, como si fuese un sueño, una visión mágica. El pastor levantó la mano haciendo un saludo. Le respondimos.

Las ovejas pasaron delante de nosotros y siguieron su camino. Petrus se levantó. La escena nos había impresionado.

—Vayamos pronto. Es necesario que nos demos prisa.

—¿Por qué?

—Porque sí. A fin de cuentas, ¿no crees que ya hace mucho tiempo que estamos en el Camino de Santiago?

Algo me decía que su prisa estaba relacionada, de algún modo, con la escena mágica del pastor y sus ovejas.

Dos días después llegamos a unas montañas que se elevaban al sur, quebrando la monotonía de los inmensos campos cubiertos de trigo. El terreno tenía algunas elevaciones naturales pero estaba bien señalado por las marcas amarillas del padre Jorge. Petrus, sin embargo, sin darme ningún tipo de explicación, empezó a alejarse de las marcas amarillas y a entrar cada vez más en dirección al norte. Llamé su atención en cuanto a este hecho, y él respondió de una manera seca, diciendo que era mi guía y sabía dónde me estaba llevando.

Después de casi media hora de caminata empecé a oír un ruido semejante al agua cayendo. Alrededor, sólo se veían los campos agostados por el sol, y me pregunté qué ruido sería aquél. A medida que caminábamos, el ruido aumentaba más, hasta no dejar ninguna sombra de duda de que venía de alguna cascada. La única cosa fuera de lo común era que yo miraba a todo mi alrededor y no veía ni montañas ni cascadas.

Fue cuando, cruzando una pequeña elevación, me encontré con una extravagante obra de la naturaleza: en una depresión del terreno donde cabría un edificio de cinco pisos, un lecho de agua se precipitaba en dirección al centro de la tierra. En el borde del enorme agujero, una vegetación exuberante, completamente distinta a la del terreno que estábamos pisando, servía de marco a la caída del agua.

—Vamos a bajar aquí —dijo Petrus.

Empezamos a bajar. Recordé a Julio Verne, pues era como si estuviéramos descendiendo al centro de la tierra. La bajada era muy escarpada y difícil y tuve que sujetarme en las ramas espinosas y en las piedras cortantes para no caer. Llegué al fondo de la depresión con los brazos y piernas arañados.

—Bella obra de la naturaleza —comentó Petrus.

Estuve de acuerdo. Un oasis en medio del desierto, con la espesa vegetación y gotas de agua formando un arco iris, era tan bello visto desde abajo como desde arriba.

—Aquí la naturaleza muestra su fuerza —insistió él.

—Es verdad —asentí.

—Y permite que mostremos nuestra fuerza también. Vamos a subir esta cascada —dijo mi guía—. Por el medio del agua.

Miré de nuevo ese escenario frente a mí. Ya no conseguía ver el bello oasis, ese capricho sofisticado de la naturaleza. Estaba delante de un paredón de quince metros de altura, por donde el agua caía con una fuerza ensordecedora. El pequeño lago formado por la caída del agua tenía un nivel que no pasaba la altura de un hombre de pie, ya que el río se escurría con un ruido ensordecedor por una abertura que debía de llegar hasta las profundidades de la tierra. No había puntos de sustento en el paredón donde pudiera sujetarme, ni la profundidad del pequeño lago era suficiente para amortiguar la caída de alguien. Estaba frente a una tarea absolutamente imposible.

Me acordé de una escena ocurrida cinco años atrás, en un ritual extremadamente peligroso y que, como éste, exigía una escalada. El Maestre me dio la ocasión de decidir si quería continuar o no. Yo era más joven, estaba fascinado por sus poderes y por los milagros de la Tradición y decidí seguir adelante. Era necesario que demostrara mi valentía y mi bravura.

Después de casi una hora subiendo la montaña, cuando estaba frente a la parte más difícil, un viento surgió con una fuerza inusitada y tuve que agarrarme con todas mis fuerzas a la pequeña plataforma donde estaba apoyado, para no desbarrancar hasta allá abajo. Cerré los ojos esperando lo peor y mantuve las uñas clavadas en la roca. Cuál no sería mi sorpresa al reparar, en el minuto siguiente, que alguien me ayudaba a conseguir una posición más confortable y segura. Abrí los ojos y el Maestre estaba a mi lado.

Hizo algunos gestos en el aire, y el viento paró súbitamente. Con una agilidad misteriosa en la cual había momentos de puro ejercicio de levitación, él bajó la montaña y me pidió que hiciera lo mismo.

Llegué abajo con las piernas temblando y pregunté por qué no había parado el viento antes que me alcanzase.

—Porque fui yo quien mandó soplar el viento —respondió.

—¿Para matarme?

—Para salvarte. Tú eras incapaz de subir esta montaña. Cuando pregunté si querías subir, no estaba poniendo a prueba tu coraje. Estaba probando tu sabiduría.

"Tú creaste una orden que yo no te di. Si supieras levitar, no habría problemas. Pero tú te propusiste ser bravo cuando bastaba ser inteligente.

Ese día él me habló de magos que habían enloquecido en el proceso de iluminación y ya no podían distinguir entre sus propios poderes y los poderes de sus discípulos. En el transcurso de mi vida conocí grandes hombres en el terreno de la Tradición. Llegué a conocer tres grandes Maestres —incluyendo mi propio Maestre— que eran capaces de llevar el dominio del plano físico a situaciones mucho más allá de lo que cualquier hombre es capaz de soñar. Vi milagros, profecías exactas del futuro, conocimiento de encarnaciones pasadas. Mi Maestre habló de la guerra de las Malvinas dos meses antes de que los argentinos invadieran las islas. Lo describió con todo detalle y me explicó el porqué —en el plano astral— de aquel conflicto.

Pero, a partir de aquel día, comencé a notar que, además de ésos, existen Magos, como dice mi Maestre, "enloquecidos en el proceso de iluminación". Eran personas iguales en casi todo a los Maestres, incluso en los poderes: vi a uno de ellos hacer germinar una semilla en quince minutos de extrema concentración. Pero este hombre —y algunos otros— habían llevado muchos discípulos a la locura y a la desesperación. Había casos de personas que terminaron en hospitales psiquiátricos y por lo menos una historia confirmada de suicidio. Estos hombres estaban en la llamada "lista negra" de la Tradición, pero era imposible mantenerlos bajo control y sé que muchos continúan actuando hasta hoy.

Toda esta historia pasó por mi cabeza en una fracción de segundo, al ver aquella cascada imposible de escalar. Pensé en todo el tiempo en que Petrus y yo habíamos caminado juntos; me acordé del perro que me atacó y no le causó ningún daño; de su descontrol con el chico que nos servía, de su actuación en la fiesta de casamiento. Sólo conseguía acordarme de estas cosas.

—Petrus, no voy a subir esa cascada de forma alguna. Por una simple razón: es imposible.

Él nada respondió. Se sentó en el prado verde y yo hice lo mismo. Nos quedamos casi quince minutos en silencio. Su silencio me desarmó y tomé la iniciativa de hablar de nuevo.

—Petrus, no quiero subir esa caída de agua porque yo voy a caer. Sé que no voy a morir, pues cuando vi la cara de mi Muerte, vi también el día en que ella llegará. Pero puedo caer y quedar inválido para el resto de mi vida.

—Paulo, Paulo… —me miró y sonrió.

Había cambiado por completo. En su voz había un poco del Amor que Devora y sus ojos estaban brillantes.

—¿Tú dirás que estoy rompiendo el juramento de obediencia que hice antes de comenzar el Camino?

—Tú no estás rompiendo este juramento. No estás con miedo ni con pereza. Ni debes pensar que te estoy dando una orden inútil. Tú no quieres subir porque estás pensando en los Magos Negros*. Usar del poder de decisión no es romper un juramento. Este poder nunca le es negado a un peregrino.

Miré a la cascada y volví a mirar a Petrus. Evaluaba las posibilidades de subir y no encontraba ninguna.

—Presta atención —continuó—. Voy a subir antes que tú sin valerme de ningún don. Y voy a lograrlo. Si puedo es porque supe dónde colocar el pie y tú tendrás que hacer lo mismo. De esta manera, yo anulo tu poder de decisión. Si te niegas después de verme subir, es porque estás quebrando un juramento.

Empezó a quitarse el calzado. Era por lo menos diez años mayor que yo, y si podía subir, yo no tendría ya ningún argumento. Miré la cascada y sentí un frío en la barriga.

Pero él no se movió. A pesar de estar ya descalzo, continuaba sentado en el mismo lugar. Comenzó a mirar el cielo y dijo:

---

* Nombre dado, en la Tradición, a los Maestres que perdieron el contacto mágico con el discípulo, según lo explicado anteriormente en este mismo capítulo. También se usa la expresión para designar a los Maestres que detuvieron su proceso de conocimiento después de dominar apenas las fuerzas de la Tierra.

—A algunos kilómetros de aquí hubo, en 1502, una aparición de la Virgen a un pastor. Hoy es su fiesta, la fiesta de la Virgen del Camino, y voy a ofrecer mi conquista a ella. Te aconsejo hacer lo mismo: ofrecer una conquista a ella. No le ofrezcas el dolor de tus pies o las heridas de tus manos en las piedras. Todo el mundo ofrece sólo el dolor de sus penitencias. No hay nada de condenable en esto, mas creo que ella estaría feliz si, además de los dolores, recibiera, también, de los hombres, el ofrecimiento de sus alegrías.

No estaba con ánimo de hablar. Seguía dudando de la capacidad de Petrus para subir la pared. Hallé que todo eso era una farsa y que, en realidad, estaba envolviéndome con su manera de hablar para después obligarme a hacer lo que no quería. Por las dudas, sin embargo, cerré los ojos y recé a la Virgen del Camino. Prometí que, si Petrus y yo subíamos aquella pared, volvería a ese lugar algún día.

—Todo lo que aprendiste hasta ahora sólo tiene sentido si puede ser aplicado a alguna cosa. Recuerda que te dije que el Camino de Santiago es el camino de las personas comunes. Repetí esto miles de veces. En el Camino de Santiago y en la propia vida, la sabiduría tiene valor solamente si puede ayudar al hombre a vencer algún obstáculo.

"Un martillo no tendría sentido en el mundo si no existieran clavos para martillar. Y aun existiendo clavos, el martillo continuaría sin función si se limitase a pensar: "Puedo clavar esos clavos con dos golpes." El martillo tiene que actuar. Entregarse en las manos del Dueño y ser utilizado en su función.

Recordé las palabras del Maestre en Itatiaia: quien tiene una espada tiene que estar constantemente poniéndola a prueba para que no se oxide en su vaina.

—La cascada es el lugar donde tú pondrás en práctica todo lo que has aprendido hasta ahora —dijo mi guía—. Una cosa tienes a tu favor: conoces la fecha de tu Muerte, y este miedo no te dejará paralizado cuando necesites decidir rápidamente donde apoyarte. Pero recuerda que tendrás que trabajar con el agua y construir en ella todo lo que necesitas; que tendrás que clavar la uña en el pulgar cuando un mal pensamiento te domine.

"Y, sobre todo, que tienes que apoyarte, a cada instante, en la subida, en el Amor que Devora, porque es él el que guía y justifica todos tus pasos.

Petrus dejó de hablar. Se sacó la camisa, los pantalones y quedó completamente desnudo. Entró, entonces, al agua fría de la pequeña laguna, mojándose entero y abriendo los brazos al cielo. Vi que estaba contento, aprovechando la frescura del agua y los arco iris que las gotas formaban a nuestro alrededor.

—Algo más —dijo, antes de entrar por debajo del velo de la cascada—. Esta caída de agua te enseñará la forma de ser maestre. Voy a subir, mas existe un velo de agua entre tú y yo. Subiré sin que puedas ver dónde pongo mis pies y mis manos.

"De la misma manera, un discípulo nunca puede imitar los pasos de su guía. Porque cada uno tiene una forma diferente de ver la vida, de convivir con las dificultades y con las conquistas. Enseñar es mostrar qué es posible. Aprender es volver posible a sí mismo.

Y no dijo nada más. Entró por debajo del velo de la cascada y empezó a subir. Yo podía ver el bulto como se ve alguien a través de un vidrio opaco. Pero me di cuenta de que estaba subiendo. Lenta e inexorablemente, él avanzaba en dirección a lo alto. Mientras más cerca del final estaba, más miedo sentía yo, porque iba a llegar el

momento en que tendría que hacer lo mismo. Finalmente, el momento más terrible llegó: emerger del agua que
caía sin saltar hacia la orilla. La fuerza del agua debería
lanzarlo de vuelta al suelo. Pero la cabeza de Petrus aso-
mó allá encima, y el agua que caía pasó a ser su manto
plateado. La visión duró muy poco, porque con un rápido movimiento él impulsó su cuerpo hacia arriba agarrán-
dose de cualquier forma al borde, pero aún dentro del
curso del agua. Lo perdí de vista por algunos instantes.

Finalmente, Petrus apareció en una de las orillas. Estaba con el cuerpo mojado, lleno de la luz del sol y sonreía.

—¡Vamos! —gritó, haciendo señas con las manos—.
¡Ahora es tu turno!

Ahora me tocaba a mí. O tendría que renunciar para
siempre a mi espada.

Me quité toda la ropa y recé de nuevo a la Virgen del
Camino. Después me sumergí en el agua. Estaba helada
y mi cuerpo quedó rígido con el impacto, pero luego sentí una agradable sensación, la de estar vivo. Sin pensar
mucho, caminé directo a la cascada.

El impacto del agua sobre mi cabeza me devolvió el
absurdo "sentido de la realidad" que debilita al hombre
en la hora en que es más necesaria su fe y su fuerza. Me
di cuenta de que el agua era mucho más fuerte de lo que
había pensado y que si cayese directa encima de mi pecho, era capaz de derribarme, aun estando con los dos
pies apoyados en la seguridad del fondo del lago. Atrave-
sé la corriente y quedé entre la piedra y el agua, en un
pequeño espacio en que cabía exclusivamente mi cuerpo
pegado a la roca. Y ahí fue que vi que la tarea era más
fácil de lo que pensaba.

El agua no golpeaba en aquel lugar, y lo que me parecía una pared lisa era, en verdad, una piedra llena de salientes. Me quedé como atontado sólo de pensar que podría haber renunciado a mi espada por miedo de una piedra lisa, cuando en realidad era un tipo de roca que ya escalara muchas veces. Parecía estar oyendo la voz de Petrus diciéndome: "¿Estás viendo? Un problema después de resuelto es de una simplicidad aterradora."

Comencé a subir con el rostro pegado a la roca húmeda. En diez minutos había vencido casi todo el camino. Faltaba sólo una cosa: el final, el lugar donde el agua pasaba antes de precipitarse allá abajo. La victoria conquistada en aquella subida no significaría nada si no conseguía vencer el pequeño trecho que me separaba del aire libre. Allí estaba el peligro y era un peligro que no había visto bien cómo Petrus lo había dominado. Volví a rezar a la Virgen del Camino, una virgen de la que nunca había oído hablar antes, y que en ese momento era toda mi fe, toda mi esperanza en la victoria. Con sumo cuidado comencé a colocar mis cabellos y después mi cabeza en el chorro de agua que rugía por encima de mí.

El agua me envolvió por completo y nubló mi vista. Sentí su impacto y me agarré firmemente a la roca, bajando la cabeza, de manera que pudiera formar una bolsa de aire donde respirar. Confiaba totalmente en mis manos y mis pies. Las manos ya habían sujetado una vieja espada y los pies habían hecho el Extraño Camino de Santiago. Eran mis amigos y me estaban ayudando. Aun así, el ruido del agua en los oídos era ensordecedor y empecé a tener dificultades para respirar. Decidí atravesar la corriente con la cabeza, y por algunos segundos lo vi todo negro a mi alrededor. Luchaba con todas mis fuerzas para mantener mis pies y mis manos agarrados a los salientes, pero el ruido del agua parecía llevarme a otro lugar, un lugar misterioso y distante, donde nada de aquello tenía la menor importancia, y donde podría llegar si me entregase a aquella fuerza. Ya no sería más necesario el esfuerzo sobrehumano que mis pies y mis manos estaban haciendo para permanecer pegados a la roca: todo sería descanso y paz.

Sin embargo, pies y manos no obedecieron el impulso de entregarme. Habían resistido a una tentación mortal. Mi cabeza empezó a salir lentamente, de la misma forma que había entrado. Sentí un profundo amor por mi cuerpo que estaba allí, ayudándome en una aventura tan loca, como la de un hombre que cruza una cascada para ir en busca de una espada.

Cuando la cabeza emergió por completo, vi brillar el sol encima de mí y respiré profundamente el aire a mi alrededor. Esto me dio un nuevo vigor. Observé todo el contorno y divisé, a pocos centímetros de mí, la meseta por donde habíamos caminado antes, y que era el fin de la jornada. Sentí un inmenso impulso de lanzarme y agarrarme a alguna punta, pero no podía ver ningún saliente debido al agua que caía. El impulso final necesario era grande, pero todavía no era hora de la conquista, tenía que controlarme. Estaba en la posición más difícil de toda la escalada, con el agua golpeando en mi pecho, la presión luchando por devolverme de nuevo a la tierra, de donde había tenido la audacia de salir para cumplir mis sueños.

No era el momento para pensar en Maestres, amigos; no podía mirar ni para los lados para ver si Petrus estaba en condiciones de ayudarme en caso de resbalar. "Él debe de haber hecho esta escalada millones de veces —pensé—. Sabe que yo aquí necesito desesperadamente de su ayuda." Pero él me había abandonado. O quizá no.

Tal vez esté por detrás de mí, pero no puedo volver la cabeza por miedo de perder el equilibrio. Tengo que hacerlo todo yo solo. Tengo que conseguir solo mi Conquista.

Mantuve ambos pies y una de las manos clavados en la roca, mientras la otra se soltaba buscando armonizar con el agua que, suponía, no debería oponer una gran resistencia pues yo estaba usando el máximo de mis fuerzas. Mi mano, sabiendo esto, pasó a ser un pez que se entregaba, pero que sabía dónde quería llegar. Me acordé de algunas películas de mi infancia donde pude ver salmones saltando caídas de agua porque tenían una meta y necesitaban, también ellos, alcanzarla.

El brazo fue subiendo lentamente, aprovechando la propia fuerza del agua. Finalmente conseguí liberarlo y ahora le cabía, exclusivamente a él, descubrir el apoyo y el destino del resto de mi cuerpo. Como un salmón de las películas de mi niñez, el brazo volvió a sumergirse, buscando un lugar, un punto cualquiera donde poder apoyarme para el salto final.

La piedra de la pared había sido lavada y pulida por siglos de agua corriendo ahí. Pero, seguramente, debía existir un saliente. Si Petrus había podido saltar, yo también podría. Empecé a sentir mucho dolor. Ahora sabía que estaba a un paso del final y éste era el momento donde las fuerzas flaquean y el hombre no tiene confianza en sí mismo. Algunas veces, en mi vida, había perdido en el último instante; había nadado un océano para casi ahogarme donde las olas rompen. Pero ahora estaba recorriendo el Camino de Santiago y esta historia no podría repetirse siempre; era necesario vencer en este día.

La mano libre se deslizaba por la roca lisa y la presión se hacía cada vez más fuerte. Sentí que los otros miembros no aguantarían mucho más y que podría tener ca-

lambres en cualquier momento. El agua golpeaba con
fuerza, también, en mis órganos genitales produciendo
un intenso dolor. De repente, no obstante, la mano consiguió asirse a un saliente de la piedra. No era grande y
estaba fuera del camino de subida, pero me serviría de
apoyo para la otra mano, cuando llegara su turno. Marqué mentalmente el lugar y la mano libre salió nuevamente en busca de mi salvación. A pocos centímetros de
esta punta, otra base de apoyo me esperaba.

Allí estaba. Allí estaba el lugar que, durante siglos, sirvió y apoyó a los peregrinos en el Camino de Santiago.
En cuanto lo vi, me aferré con todas mis fuerzas. La otra
mano se soltó y fue lanzada para atrás debido a la fuerza del agua, pero describió un arco en el cielo y encontró el lugar que la esperaba. Con un rápido movimiento,
todo mi cuerpo siguió el camino abierto por mis brazos y
me lancé a la cima.

El gran y último paso había sido dado. El cuerpo entero cruzó el agua y, al momento siguiente, la selvática
cascada era apenas un hilo de agua casi sin corriente. Me
arrastré por la orilla y el cansancio me rindió. El sol caía
sobre mi cuerpo, lo entibiaba y me acordé de nuevo de
que había vencido y que continuaba vivo como antes,
cuando estaba allá abajo, en el lago. A pesar del ruido
del agua, sentí los pasos de Petrus, aproximándose.

Quise levantarme para expresar mi alegría, pero mi
cuerpo exhausto se negó a obedecer.

—Quédate tranquilo y descansa —dijo—. Trata de
respirar lentamente.

Así lo hice y caí en un profundo sueño. Cuando desperté, el sol había cambiado de posición. Petrus, ya completamente vestido, me extendió mis ropas y dijo que debíamos seguir.

—Estoy muy cansado —respondí.

—No te preocupes. Te enseñaré a tomar energía de todo lo que te rodea.

Y Petrus me enseñó "El Soplo de RAM".

Hice el ejercicio durante cinco minutos y me sentí mejor. Me levanté, vestí las ropas y tomé la mochila.

—Ven aquí —dijo Petrus.

Caminé hasta el borde. Debajo de mis pies, la cascada rugía.

—Vista desde aquí parece mucho más fácil que vista desde abajo —dije.

—Exactamente. Y si yo te hubiese mostrado esta escena antes, te habrías engañado y evaluado mal tus posibilidades.

Continuaba débil. Repetí el ejercicio. Poco a poco todo el Universo a mi alrededor empezó a armonizarse conmigo y a entrar en mi corazón. Pregunté por qué no me había enseñado antes el Soplo de RAM, ya que muchas veces estuve cansado y con pereza en el Camino de Santiago.

—Porque nunca habías demostrado esto —respondió riendo y preguntó si todavía tenía los deliciosos bizcochos que comprara en Astorga.

EL SOPLO DE RAM

*Soltar todo el aire de los pulmones, vaciándolos todo lo
posible. Después, ir inspirando lentamente a medida que va
levantando los brazos hasta lo alto. Mientras inspira,
concéntrese y piense que dentro de sí mismo está entrando
amor, paz, armonía con el universo.*

*Mantener la respiración y los brazos levantados el máximo
tiempo posible, gozando la armonía interior y exterior.*

*Cuando llegue al límite, suelte todo el aire en una rápida
espiración, mientras pronuncia la palabra RAM.*

Repetir durante cinco minutos.

La locura

Llevábamos casi tres días haciendo una especie de marcha forzada. Petrus me despertaba antes del amanecer y sólo parábamos de andar a las nueve de la noche. Los únicos descansos concedidos eran para comer, ya que mi guía había abolido el descanso de la siesta del inicio de la tarde. Daba la impresión de que seguía un misterioso programa, que no me era dado a conocer.

Además, había cambiado por completo su comportamiento. Al principio pensé que había sido debido a mis dudas en el episodio de la cascada, pero luego me di cuenta de que no era así. Se mostraba irritado con todos, y varias veces, durante el día, miraba el reloj. Le recordé que él mismo me había dicho que somos nosotros los que creamos la noción del tiempo.

—Estás cada día más pícaro —respondió—. Vamos a ver si pones toda esa picardía en práctica cuando la necesites.

Una tarde, estaba tan cansado con el ritmo de la caminata que no conseguía levantarme. Petrus, entonces, me mandó que me sacara la camisa y apoyara la columna vertebral en un árbol que había cerca de allí. Me quedé ahí por algunos minutos y luego me sentí mejor dispuesto. Empezó a explicarme que los vegetales, especialmente los árboles añosos, son capaces de transmitir armonía cuando alguien afirma su centro nervioso en el tronco. Durante horas se explayó sobre las propiedades físicas, energéticas y espirituales de las plantas.

Como ya había leído todo eso en alguna parte, no me preocupé de tomar notas. Pero el discurso de Petrus sirvió para deshacer la sensación de que estaba enojado conmigo. Pasé a respetar sus silencios y él, tal vez adivinando mis preocupaciones, trataba de ser simpático siempre que su malhumor se lo permitía.

Cierta mañana llegamos a un enorme puente totalmente desproporcionado para el pequeño hilo de agua que corría por debajo. Era domingo, bien temprano, y las tabernas y bares de la pequeña ciudad de las inmediaciones estaban todavía cerrados. Nos sentamos allí para tomar el desayuno.

—El hombre y la naturaleza tienen los mismos caprichos —dije, tratando de iniciar una conversación—. Nosotros construimos bellos puentes y ella se encarga de desviar el curso de los ríos.

—Es la sequía —dijo él—. Termina pronto tu bocadillo porque tenemos que continuar.

Decidí preguntarle el porqué de tanto apuro.

—Hace mucho tiempo que estoy en el Camino de Santiago, ya te dije. Dejé muchas cosas por hacer en Italia. Necesito regresar pronto.

La respuesta no me convenció. Podía ser verdad, pero éste no era el único motivo. Cuando iba a insistir en el asunto, cambió de tema.

—¿Qué sabes sobre este puente?

—Nada —respondí—. Aun sin la sequía me parece desproporcionado. Sigo creyendo que el río desvió su curso.

—Realmente no sé —dijo—. En el Camino de Santiago es conocido como "El Passo Honroso". Estos campos a nuestro alrededor fueron escenario de sangrientas batallas entre suevos y visigodos, y más tarde entre los soldados de Alfonso III y los moros. Tal vez sea tan grande para que toda esa sangre pudiera correr sin inundar la ciudad.

Era una tentativa de humor negro. No reí. Él quedó un poco confundido pero continuó:

—Sin embargo, no fueron las huestes de los visigodos ni los clamores triunfales de Alfonso III los que le dieron el nombre a este puente, sino una historia de Amor y de Muerte.

"En los primeros siglos del Camino de Santiago, a medida que convergían de toda Europa peregrinos, padres, nobles y hasta reyes que querían prestar su homenaje al Santo, llegaron también asaltantes y bandoleros. La historia registra innumerables casos de robo a caravanas enteras de peregrinos y de crímenes horribles cometidos contra viajeros solitarios.

"Todo se repite", pensé para mis adentros.

—Por este motivo, algunos nobles caballeros decidieron crear una forma de dar protección a los peregrinos, y cada uno de ellos se encargó de proteger una parte del Camino. Pero, así como los ríos cambian de curso, también el ideal de los hombres está sujeto a cambios. Además de espantar a los malhechores, los caballeros andantes empezaron a disputar entre sí para establecer cuál era el más fuerte y valiente de todo el Camino de Santiago. No tardó mucho para que empezaran a luchar entre sí y los bandidos volvieron a actuar impunemente en las carreteras.

"Esto ocurrió durante mucho tiempo hasta que, en 1434, un noble de la ciudad de León se enamoró perdidamente de una mujer. Se llamaba don Suero de Quiñones; era rico y poderoso e intentó conseguir la mano de su dama en casamiento. Pero esta señora, la historia olvidó registrar su nombre, no quiso ni saber de aquella inmensa pasión y rechazó al pretendiente.

Yo estaba loco de curiosidad por saber qué relación había entre un amor rechazado y las lides de los caballeros andantes. Petrus se dio cuenta de mi interés y dijo que sólo me contaría el resto de la historia si yo terminaba pronto mi bocadillo y nos poníamos inmediatamente en camino.

—Te pareces a mi madre cuando yo era niño —respondí.

Me tragué el último pedazo de pan, tomé mi mochila y comenzamos a cruzar la pequeña ciudad adormecida.

Petrus continuó:

—Nuestro caballero, herido en su amor propio, decidió hacer exactamente aquello que hacen los hombres cuando se sienten rechazados: empezó una guerra particular. Se prometió a sí mismo realizar una hazaña tan importante que la doncella jamás olvidaría su nombre. Durante meses buscó un ideal al cual consagrar ese amor rechazado. Hasta que una noche, oyendo hablar de los crímenes horrendos y de las luchas en el Camino de Santiago, tuvo una idea.

"Reunió diez amigos, se instaló aquí en este pueblo que estamos cruzando y mandó divulgar entre los peregrinos que iban y volvían por el Camino de Santiago, que estaba dispuesto a quedarse allí treinta días y a quebrar trescientas lanzas para probar que él era el más fuerte y el más audaz de todos los caballeros del Camino.

Acamparon con sus banderas, estandartes, pajes y criados y se prepararon para recibir a los desafiantes.

Imaginé qué fiesta debió de haber sido ésa. Jabalíes asados, vino en abundancia, música, historias y luchas. Un cuadro de todo eso apareció vivo en mi mente, mientras Petrus seguía contando el resto de la historia.

—Las luchas comenzaron el día diez de julio, con la llegada de los primeros caballeros. Don Suero de Quiñones y sus amigos combatían durante el día y en las noches preparaban grandes fiestas. Las luchas eran siempre en el puente, para que ninguno pudiese huir. En cierta época llegaron tantos desafiantes, que podían verse hogueras encendidas a lo largo de todo el puente para que los combatientes pudieran continuar las lides hasta la madrugada. Todos los caballeros vencidos eran obligados a jurar que nunca más irían a luchar contra los otros y que en adelante su única misión sería proteger a los peregrinos hasta Compostela.

"La fama de don Suero de Quiñones recorrió en pocas semanas toda Europa. Además de los caballeros del Camino, empezaron a llegar, también, generales, soldados y bandidos para desafiarlo. Todos sabían que quien venciera al bravo caballero de León, sería famoso y coronado de gloria. Pero, mientras los otros buscaban la fama, Quiñones tenía un propósito mucho más noble: el amor de una mujer. Y este ideal le hizo ganar todos los combates.

"El día nueve de agosto las luchas terminaron y don Suero de Quiñones fue reconocido como el más bravo y valiente de todos los caballeros del Camino de Santiago. A partir de esta fecha, nadie osó contar nunca más bravatas sobre coraje, y los nobles volvieron a luchar contra el enemigo común: los bandoleros que asaltaban a los peregrinos. Esta epopeya daría inicio, más tarde, a la Orden Militar de Santiago de la Espada.

Habíamos cruzado ya la pequeña ciudad. Sentí deseos de volver y mirar nuevamente "El Passo Honroso"; el puente donde se habían desarrollado todos esos acontecimientos históricos. Pero Petrus me pidió que siguiéramos adelante.

—¿Y qué pasó con don Suero de Quiñones? —pregunté.

—Fue hasta Santiago de Compostela y depositó en su relicario una gargantilla de oro que hasta hoy adorna el busto de Santiago el Menor.

—Estoy preguntando si él terminó casándose con la doncella.

—Ah, eso no lo sé —repuso Petrus—. En esa época la Historia era escrita apenas por hombres. Y con tantas luchas, ¿quién iría a interesarse por el final de una historia de amor?

Después de contarme la historia de don Suero de Quiñones, mi guía volvió a su mutismo habitual y caminamos dos días en silencio, casi sin descansar. Sin embargo, al tercer día, Petrus comenzó a andar más lento que lo normal. Dijo que estaba cansado por todo el esfuerzo de aquella semana y que ya no tenía edad ni ánimo para seguir con aquel ritmo. Otra vez podía jurar que él no estaba diciendo la verdad: su rostro, en vez de cansancio, demostraba una intensa preocupación, como si algo de vital importancia estuviese por ocurrir.

Aquella tarde llegamos a Foncebadón, enorme poblado en ruinas. Las casas, construidas de piedra, tenían los tejados de pizarra destruidos por la acción del tiempo y por haberse podrido las bases de sustentación. Uno de los extremos del poblado daba a un precipicio, y delan-

te de nosotros, por detrás de un monte, estaba uno de los
más importantes marcos del Camino de Santiago: la
Cruz de Hierro. Esta vez yo era el que estaba impaciente por llegar pronto a ese extraño monumento, compues-
to de un tronco de casi diez metros de altura que terminaba arriba en una cruz de hierro. La cruz había sido
dejada allí en la época de la invasión de César, en homenaje a Mercurio. Siguiendo la tradición pagana, los
peregrinos de la Ruta Jacobea acostumbraban depositar
a los pies una piedra traída de lejos. Tomé del suelo un
pedazo de piedra pizarrosa.

Sólo cuando resolví apurar el paso fue cuando me di
cuenta de que Petrus caminaba muy despacio. Examinaba las casas en ruinas, hurgaba en los troncos caídos y en
restos de libros, hasta que decidió sentarse en medio de
la plaza del pueblo, donde había una cruz de madera.

—Vamos a descansar un poco —dijo.

Atardecía, pero aunque nos quedásemos allí durante
una hora, aún daba tiempo de llegar hasta la Cruz de
Hierro antes de que cayera la noche.

Me senté a su lado, observando el paisaje vacío. De la
misma forma que los ríos cambian de lugar, los hombres
también cambian. Las casas eran sólidas y deben de haber demorado mucho tiempo en derrumbarse. Era un lugar bonito. Atrás, altas montañas y enfrente, un hermoso
valle. Me preguntaba qué habría obligado a tanta gente
a abandonar un lugar como aquél.

—¿Crees que don Suero de Quiñones fue un loco?
—preguntó Petrus.

—Creo que no —respondí.

Pero me quedé pensando, con dudas, sobre mi respuesta.

—Pues era de la misma forma que Alfonso, el monje
que conociste. Como yo, lo que se demuestra en los di-

bujos que hago. O como tú, que buscas tu espada. Todos nosotros tenemos adentro, quemando, la llama santa de la locura, que es alimentada por Ágape.

"Por esto, no es necesario querer conquistar América o hablar con las aves, como san Francisco de Asís. Un verdulero en la esquina puede manifestar esta llama santa de la locura, si a él le gusta hacerlo. Ágape existe más allá de los conceptos humanos y es contagioso, porque el mundo tiene sed de él.

Petrus me dijo que yo sabía despertar Ágape a través del Globo Azul. Pero, para que Ágape pudiese florecer, no debía tener miedo de cambiar mi vida. Si me gustaba lo que estaba haciendo, muy bien. Pero si no me gustaba, siempre había tiempo de cambiar. Permitiendo que ocurriesen cambios, me estaba transformando en un terreno fértil y dejando que la Imaginación Creadora lanzara semillas en mí.

—Todo lo que te enseñé, incluso Ágape, sólo tiene sentido si estás contento contigo mismo. Si no es así, los ejercicios que aprendiste te llevarán inevitablemente al deseo de cambios. Y para que todos los ejercicios que aprendiste no se vuelvan contra ti, es necesario que permitas algún cambio.

"Éste es el momento más difícil en la vida de un hombre: cuando él está viendo el Buen Combate y se siente incapaz de cambiar de vida e ir al combate. Si esto sucede, entonces el conocimiento se volverá contra quien lo posee.

Observé la ciudad de Foncebadón. Tal vez todas aquellas personas, colectivamente, sintieron la necesidad de cambiar. Le pregunté a Petrus si él había escogido deliberadamente el escenario para explicarme eso.

—No sé qué pasó aquí —respondió—. Muchas veces las personas son obligadas a aceptar un cambio provocado por el destino, pero no es de esto que estoy hablando. Estoy hablando de un acto voluntario, un deseo concreto de luchar contra todo lo que no te deja satisfecho en tu vida cotidiana.

"En el camino de la existencia, siempre encontramos problemas difíciles de resolver. Como, por ejemplo, pasar por debajo de una cascada sin que te derribe. Tienes que dejar entonces que la Imaginación Creadora actúe. En tu caso, había un desafío de vida o muerte y no había mucho tiempo para elegir. Ágape te indicó el único camino.

"Pero también existen problemas en esta vida en que es necesario elegir uno u otro camino. Problemas cotidianos, como una decisión empresarial, un rompimiento afectivo, un encuentro social. Cada una de estas pequeñas decisiones que tomamos en cada momento de nuestra existencia puede significar la elección entre la vida y la muerte. Cuando tú sales de casa por la mañana para ir al trabajo, puedes escoger entre un transporte que te deje sano y salvo en la puerta de tu oficina u otro que puede chocar y matar a todos sus ocupantes. Éste es un drástico ejemplo de cómo una simple decisión puede afectar a una persona por el resto de su vida.

Mientras Petrus hablaba, yo pensaba en mí. Había escogido hacer el Camino de Santiago para buscar mi espada. Era ella la que más importaba ahora y necesitaba encontrarla. Tenía que tomar la decisión correcta.

—La única forma de saber cuál es la decisión correcta es sabiendo cuál es la decisión errada —dijo después que le conté mi preocupación—. Es examinar el otro camino, sin miedo y sin morbosidad. Después, sólo se trata de tomar la decisión.

Petrus me enseñó, entonces, "El Ejercicio de las Sombras".

EL EJERCICIO DE LAS SOMBRAS

Relájese.

Durante cinco minutos observe todas las sombras de los objetos o personas a su alrededor. Trate de saber qué parte de los objetos o personas está siendo reflejada.

En los cinco minutos siguientes continúe haciendo esto, pero enfoque también el problema que desea resolver, y busque todas las soluciones posibles que estén erradas.

Finalmente, cinco minutos más, mirando las sombras y pensando en las soluciones correctas que sobraron. Eliminar una por una hasta que sólo quede la exacta solución del problema enfocado.

—Tu problema es la espada —dijo después de concluir la explicación del ejercicio.

Estuve de acuerdo con él.

—Entonces, haz el ejercicio ahora. Voy a salir a dar una vuelta. Cuando regrese, sé que habrás tomado la decisión correcta.

Recordé la prisa de Petrus todos aquellos días y nuestra conversación en las ruinas de la ciudad abandonada. Parecía que él también trataba de ganar tiempo para decidir algo. Quedé animado y empecé a hacer el ejercicio.

Hice un poco de Soplo de RAM para armonizar con el ambiente. Después marqué quince minutos en el reloj y empecé a mirar las sombras del lugar. Sombras de casas en ruinas, de piedra, madera, de la vieja cruz detrás de mí. Mirando las sombras, noté cómo era difícil saber la parte exacta que estaba siendo reflejada. Nunca había pensado en esto. Algunas vigas rectas se transformaban en objetos angulares, y una piedra irregular tenía un reflejo redondo. Hice esto durante los primeros diez minutos. No fue difícil concentrarme porque el ejercicio era fascinante. Comencé, entonces, a pensar en las soluciones erradas para encontrar mi espada. Un sinnúmero de ideas pasó por mi cabeza. Desde tomar un autobús para Santiago hasta telefonear a mi mujer para que, a través de un chantaje emocional, me dijera dónde la había dejado.

Cuando Petrus volvió, yo estaba sonriendo.

—¿Y bien? —preguntó.

—Descubrí cómo Agatha Christie escribe sus novelas policíacas —bromeé—. Ella transforma la hipótesis más errada en la hipótesis correcta. Ella debió de haber conocido el Ejercicio de las Sombras.

Petrus preguntó dónde estaba mi espada.

—Voy a describirte primero la hipótesis más errada que conseguí elaborar mirando las sombras: la espada está fuera del Camino de Santiago.

—Eres un genio. Descubriste que andamos buscando tu espada hace ya bastante tiempo. Pensé que te lo habían dicho antes de salir de Brasil.

—Y guardada en lugar seguro —continué—. Donde mi mujer no tendría acceso. Deduje que está en un lugar absolutamente abierto y que se ha incorporado de tal forma al ambiente que no es posible distinguirla.

Petrus no rió esta vez. Yo continué:

—Y como lo más absurdo sería que estuviese en un local lleno de gente, ella está en un local casi desierto. Además, para que las pocas personas que la vean no se den cuenta de la diferencia entre una espada como la mía y una espada típicamente española, debe estar en un lugar donde nadie sepa distinguir los estilos.

—¿Tú crees que está aquí? —preguntó.

—No, ella no está aquí. Lo más errado sería hacer este ejercicio en el lugar donde esté la espada. Esta hipótesis la descarté en seguida. Pero debe estar en una ciudad parecida a ésta. No puede estar abandonada, porque una espada en una ciudad abandonada llamaría mucho la atención de los peregrinos y transeúntes. En poco tiempo estaría adornando las paredes de un bar.

—Muy bien —dijo y noté que estaba orgulloso de mí o del ejercicio que me había enseñado.

—Hay algo más —dije.

—¿De qué se trata?

—El lugar menos indicado para guardar la espada de un Mago sería un lugar profano. Debe estar en un lugar sagrado. Como una iglesia, por ejemplo, donde nadie se atrevería a robarla. Resumiendo: en una iglesia de una pequeña ciudad cerca de Santiago, a la vista de todos, armonizando con el ambiente, está mi espada. A partir de ahora, voy a visitar todas las iglesias del Camino.

—No es preciso —dijo—. Cuando llegue el momento, la reconocerás.

Lo había conseguido.

—Escucha, Petrus, ¿por qué anduvimos tan rápido y ahora estamos tanto tiempo en una ciudad abandonada?

—¿Cuál sería la decisión más errada?

De reojo, miré las sombras. Él tenía razón. Estábamos allí por algún motivo.

El sol se escondió tras las montañas, pero todavía quedaba mucha luz para terminar el día. Pensaba que en aquel momento el sol debía de estar dando en la Cruz de Hierro, la cruz que yo quería ver y que estaba apenas a algunos centenares de metros de mí. Quería saber el porqué de aquella espera. Habíamos andado muy rápido toda la semana y me parecía que el único motivo plausible era que debíamos llegar aquí en este día y a esta hora.

Traté de entablar conversación para ayudar a pasar el tiempo, pero me di cuenta de que Petrus estaba tenso y concentrado. Muchas veces había visto ya a Petrus de mal humor, pero no me acordaba de haberlo visto tenso. De repente me acordé de que ya lo había visto así una vez. Fue en el desayuno de un pueblo del cual no recuerdo el nombre, poco antes de encontrar a...

Miré hacia un lado. Allí estaba él. El perro.

El perro violento que una vez me lanzó al suelo; el perro cobarde que en otra ocasión salió corriendo. Petrus había prometido ayudarme en el próximo encuentro. Di media vuelta, buscándolo. Pero a mi lado ya no había nadie más.

Mantuve los ojos fijos en los del animal, mientras mi mente buscaba rápidamente una manera de hacer frente a aquella situación. Ninguno de los dos hizo ningún movimiento y recordé, por un segundo, los duelos de las películas del oeste en ciudades abandonadas. Nadie jamás soñaría en colocar a un hombre en duelo con un perro, por demás inverosímil. Sin embargo, allí estaba yo, viviendo en la realidad lo que en la ficción sería inverosímil.

Allí estaba Legión, porque eran muchos. A mi lado había una casa abandonada. Si corría, podría subir al tejado y Legión no me seguiría. Estaba aprisionado dentro del cuerpo y de las posibilidades de un perro.

Pronto abandoné la idea, mientras mantenía los ojos fijos en los de él. Muchas veces, en el Camino, había tenido miedo de este momento, y ahora por fin llegaba. Antes de encontrar mi espada, tenía que encontrarme con el Enemigo y vencer o ser derrotado por él. Sólo me restaba enfrentarme con él. Si huyese ahora, caería en una trampa. Podía ser que el perro no volviera más, pero el miedo no me dejaría hasta llegar a Compostela. Después, soñaría noches enteras con el perro, pensando que podría aparecer en el próximo minuto y viviendo aterrorizado el resto de mis días.

Mientras reflexionaba en esto, el perro se movió en mi dirección. Dejé de pensar y me concentré exclusivamente en la lucha que estaba por empezar. Petrus huyó y yo estaba solo. Sentí miedo. Y cuando sentí miedo, el perro comenzó a caminar lentamente hacia mí mientras gruñía bajito. El gruñido contenido era más amenazador que un ladrido alto y mi miedo aumentó. Notando la debilidad en mis ojos, el perro se lanzó sobre mí.

Fue como si una piedra hubiese golpeado mi pecho. Fui lanzado al suelo y él empezó a atacarme. Tuve un vago recuerdo de que conocía mi Muerte, y que no sería de aquella manera, pero el miedo crecía dentro de mí y no conseguía controlarlo. Luché para defender mi rostro y mi garganta. Un fuerte dolor en la pierna me obligó a agacharme y vi que una parte de la carne había sido desgarrada. Saqué las manos de la cabeza y del cuello y las llevé a la herida. El perro aprovechó y se preparó para atacar mi rostro. En ese momento, una de las manos tocó una piedra a mi lado. La tomé y comencé a golpear desesperadamente.

Él se apartó un poco, más sorprendido que herido, y conseguí levantarme. El perro continuó retrocediendo, pero la piedra, sucia de sangre, me dio valor. Estaba sobrevalorando la fuerza de mi enemigo y eso era una trampa. Él no podía tener más fuerza que yo, porque yo era más pesado y más alto que él. El miedo ya no era tan grande, pero estaba descontrolado y con la piedra en la mano empecé a gritar. El perro retrocedió más y de repente se detuvo.

Parecía que estaba leyendo mis pensamientos. En mi desesperación, yo estaba sintiéndome fuerte y ridículo por estar luchando con un perro. Una sensación de Poder me invadió de repente y un viento caliente empezó a soplar en aquella desierta ciudad. Sentí una enorme desgana de seguir esa lucha; a fin de cuentas, bastaba acertar con la piedra en su cabeza y habría vencido. Quise acabar con esa historia de inmediato, ver las heridas de mi pierna y acabar también con aquella absurda experiencia de espadas y extraños caminos de Santiago.

Era una trampa más. El perro dio un salto y me derribó de nuevo al suelo. Esta vez él consiguió evitar la piedra con habilidad, mordiendo mi mano y haciendo que la soltara. Comencé a golpearlo con las manos desnudas, pero no le estaba causando ningún daño serio. Todo lo que lograba evitar era que me mordiera de nuevo. Las uñas afiladas comenzaron a rasgar mis ropas y mis brazos y me di cuenta de que era sólo una cuestión de tiempo para que me dominara por completo.

De repente, escuché una voz dentro de mí. Una voz que me decía que si él me derrotara, la lucha acabaría y yo estaría a salvo. Derrotado, pero vivo. Me dolía la pierna y todo el cuerpo me ardía con los arañazos. La voz insistía en que abandonara la lucha y yo la reconocí: era la voz de Astrain, mi Mensajero, hablando conmigo. El perro paró por un momento, como si también oyera la misma voz, y una vez más tuve ganas de abandonar todo aquello. Astrain me decía que mucha gente en esta vida no encontró su espada y ¿qué importancia tenía esto? Lo que yo quería era volver pronto a casa, estar con mi mujer, tener mis hijos y trabajar en lo que más me gusta. Basta de tantos absurdos, de enfrentarse con perros y subir cascadas. Era la segunda vez que pensaba así, pero ahora las ganas eran más intensas y tuve la certeza de que me rendiría en el próximo segundo.

Un ruido en una calle de la ciudad abandonada llamó la atención del animal. Miré a ese lado y vi un pastor trayendo sus ovejas de vuelta del campo. Me acordé de repente de que ya había visto esa misma escena antes, en las ruinas de un viejo castillo. Cuando el perro vio las ovejas, saltó por encima de mí, preparándose para atacarlas. Era mi salvación.

El pastor empezó a gritar y las ovejas corrieron en todas direcciones. Antes de que el perro se apartara por completo, decidí resistir un segundo más, sólo para dar tiempo a que los animales huyeran y agarré al perro por una de las patas. Tuve la esperanza absurda de que el pastor vendría en mi auxilio y volvió la esperanza, por un momento, de la espada y del Poder de RAM. El perro trataba de zafarse de mí. Yo no era más un enemigo, era un inoportuno. Lo que él quería ahora estaba enfrente, eran las ovejas. Pero yo seguía agarrando su pata, esperando un pastor que no venía, esperando las ovejas que no huían.

Este segundo salvó mi alma. Una fuerza inmensa empezó a surgir de dentro de mí y no era más la ilusión del Poder que provoca el tedio y las ganas de desistir. Astrain susurró de nuevo, pero algo diferente. Decía que yo tenía que desafiar al mundo con las mismas armas con que era desafiado y que yo sólo podía enfrentar a un perro si me transformaba en perro. Ésta era la locura de la que Petrus me hablara ese día. Y empecé a sentirme un perro. Mostré los dientes gruñendo bajo, con el odio fluyendo en cada ruido que hacía. Vi de reojo el rostro asustado del pastor y las ovejas con tanto miedo de mí como del perro.

Legión se dio cuenta y comenzó a asustarse. Entonces, me lancé al ataque. Era la primera vez que lo hacía en todo el combate. Ataqué con dientes y uñas, queriendo morder el pescuezo del perro, exactamente como él quería hacer conmigo. Dentro de mí, lo único que existía era un intenso deseo de victoria. Nada más tenía importancia. Me lancé hacia el animal y lo derribé al suelo. Él luchaba por salir de debajo del peso de mi cuerpo y sus garras se clavaban en mi piel, pero yo también estaba mordiendo y arañando. Me di cuenta de que si él conseguía salir debajo de mí, trataría de huir y yo no quería que eso sucediera nunca más. Hoy yo lo vencería, lo derrotaría.

El animal comenzó a mirarme con terror. Yo era ahora un perro y él parecía haberse transformado en un hombre. Mi antiguo miedo estaba actuando en él y con tanta fuerza que logró salir, pero yo lo acorralé de nuevo en una de las casas abandonadas. Detrás del pequeño muro estaba el precipicio y no tendría por donde huir. Era un hombre que iba a ver allí el rostro de su Muerte.

De pronto me di cuenta de que algo extraño ocurría, me sentía demasiado fuerte. Mi pensamiento se nublaba y empecé a ver el rostro de un gitano e imágenes difusas en torno a ese rostro. Yo me había transformado en Legión. Éste era mi poder. Los poderes que abandonaron a aquel pobre perro asustado que dentro de un instante iba a caer en el abismo. Y ahora estaban en mí. Sentí un deseo vehemente de despedazar al pobre animal indefenso. "Tú eres el Príncipe y ellos son Legión", susurró Astrain. Pero yo no quería ser Príncipe y escuché también de muy lejos la voz de mi Maestre diciendo insistentemente que había una espada esperando por mí. Era necesario que yo resistiera un minuto más. No debía matar al animal.

Miré de reojo al pastor. Su mirada confirmó lo que yo estaba pensando: él estaba ahora más asustado de mí que del perro.

Empecé a sentir un mareo y todo el paisaje a mi alrededor empezó a girar. No podía desmayarme. Si me desmayaba ahora, Legión me vencería. Tenía que encontrar una solución. Ya no estaba luchando contra el animal, sino contra la fuerza que me había poseído. Sentí que las piernas me flaqueaban y me apoyé en una pared, que cedió con el peso de mi cuerpo. Entre piedras y pedazos de madera, caí con el rostro a tierra.

En Tierra. Legión era la tierra, los frutos de la tierra. Los frutos buenos y malos de la tierra, pero la tierra. Allí era su casa y allí gobernaba o era gobernada por el mundo. Ágape explotó dentro de mí y clavé con fuerza mis uñas en la tierra. Solté un alarido, un grito semejante al que oí la primera vez que el perro y yo nos enfrentamos. Sentí que Legión pasaba por mi cuerpo y descendía a la tierra, porque dentro de mí había Ágape y Legión no quería ser consumida por el Amor que Devora. Ésta era mi voluntad, la voluntad que hacía que luchara con el resto de mis fuerzas contra el desmayo, la voluntad de Ágape fija en mi alma, resistiendo. Todo mi cuerpo se estremeció.

Legión bajaba con fuerza para la tierra. Empecé a vomitar, pero sentía que era Ágape creciendo y saliendo por todos los poros de mi piel que seguía temblando hasta que, después de mucho tiempo, sentí que Legión había vuelto a su reino.

Noté cuando el último vestigio de ella pasó por mis dedos. Me senté en el suelo, herido y maltratado, y una escena absurda se presentó ante mis ojos: un perro sangrando y que meneaba el rabo y un pastor asustado que me miraba.

—Debe de ser algo que comió —dijo el pastor, que no quería creer en todo lo que había visto—. Pero ahora que ha vomitado, va a pasar.

Asentí. Él me agradeció haber sujetado a "mi" perro y siguió su camino con las ovejas.

Petrus apareció. No dijo nada. Cortó un pedazo de su camisa e hizo un torniquete en mi pierna, que sangraba mucho. Me pidió que moviera todo el cuerpo y comprobó que nada grave había pasado.

—Estás en un estado deplorable —dijo, sonriendo; su raro buen humor había vuelto—. Así no es posible visitar hoy la Cruz de Hierro. Debe de haber turistas ahí que podrían asustarse.

No le presté atención. Me levanté, sacudí el polvo y vi que podía andar. Petrus sugirió que hiciera un poco de Soplo de RAM y cargó mi mochila. Hice el Soplo de RAM y nuevamente me sentí en armonía con el ambiente. Dentro de media hora estaría llegando a la Cruz de Hierro.

Y algún día Foncebadón iría a renacer de sus ruinas. Legión dejó mucho Poder allí.

El mandar y el servir

Llegué a la Cruz de Hierro cargado por Petrus, ya que la herida en la pierna no me permitía caminar bien. Cuando se dio cuenta de la dimensión de los daños causados por el perro, decidió que debía quedarme en reposo hasta recuperarme lo suficiente para continuar el Extraño Camino de Santiago. Cerca de allí había una aldea que servía de refugio a peregrinos sorprendidos por la noche antes de cruzar las montañas. Petrus consiguió dos cuartos en la casa de un herrero y allí nos instalamos.

Mi habitación tenía un pequeño balcón, revolución arquitectónica que, partiendo de esa aldea, se extendería por toda la España del siglo VIII. Podía ver una serie de montes que tarde o temprano tendría que cruzar antes de llegar a Santiago. Caí en la cama y sólo desperté al día siguiente, con un poco de fiebre pero sintiéndome bien.

Petrus trajo agua de una fuente que los habitantes de la aldea llamaban de "pozo sin fondo" y lavó mis heridas. Por la tarde apareció con una anciana que vivía en las cercanías. Los dos colocaron varios tipos de hierbas en las heridas y arañazos y la anciana me obligó a tomar un brebaje amargo. Recuerdo que todos los días Petrus me obligaba a lamer mis heridas hasta que cicatrizasen por completo. Sentía siempre el gusto metálico y dulce de la sangre y esto me producía náuseas, pero mi guía afirmaba que la saliva era un poderoso desinfectante que me ayudaría en la lucha contra posibles infecciones.

Al segundo día la fiebre volvió. Petrus y la anciana me dieron nuevamente la bebida y volvieron a cubrir las heridas con hierbas, pero la fiebre, a pesar de no ser tan alta, no cedía. Mi guía se dirigió, entonces, a una base militar ubicada en los alrededores, en busca de vendas, ya que no había en todo el villorrio gasas o esparadrapos para cubrir las heridas.

Pocas horas después, Petrus volvió con unas vendas. Junto con él vino también un joven oficial médico que después de ver mis heridas quería saber a toda costa dónde estaba el animal que me había mordido.

—Por el tipo de heridas, el animal está rabioso —sentenció con aire grave el oficial médico.

—Nada de eso —balbuceé—. Fue una broma que pasó de los límites. Conozco al animal hace tiempo.

El oficial médico no se convenció. Quería de todas maneras que tomara una vacuna antirrábica y fui obligado a dejar que me pusieran por lo menos una dosis, bajo la amenaza de ser llevado al hospital de la base militar. Después preguntó dónde estaba el animal que me había mordido.

—En Foncebadón —contesté.

—Foncebadón es una ciudad en ruinas, no existen perros allí —respondió con la rotundidad de quien sorprende a alguien en una mentira.

Empecé a dar algunos falsos gemidos de dolor, y el oficial médico fue conducido por Petrus fuera del cuarto. Pero dejó todo aquello que necesitábamos: vendas limpias, gasas, esparadrapos y una pomada cicatrizante.

Petrus y la anciana no utilizaron la pomada. Envolvieron las heridas con gasas llenas de hierbas. Eso me alegró mucho pues no habría necesidad de continuar lamiendo los lugares donde el perro me había mordido. Durante la noche, ellos se arrodillaron al lado de la cama y con las manos extendidas sobre mi cuerpo, rezaban en voz alta. Pregunté a Petrus lo que esas oraciones significaban y él hizo una vaga referencia a los Carismas y al Camino de Roma. Insistí, pero no dijo nada más.

Dos días después estaba totalmente recuperado. Fui hasta la ventana y vi algunos soldados revisando en las casas de la ciudad y en los cerros de las inmediaciones. Le pregunté a uno de ellos qué significaba esa operación.

—Hay un perro rabioso por los alrededores —respondió.

Aquella misma tarde el herrero dueño de los cuartos vino a pedirme que dejara la ciudad tan pronto como pudiera caminar. La historia se había divulgado por todo el pueblo y temían que me volviera rabioso y pudiera transmitir la enfermedad. Petrus y la anciana discutieron con el herrero, pero él se mostró inflexible. En determinado momento llegó a decir que había visto un hilo de espuma saliendo por la comisura de mi boca mientras dormía.

No hubo argumento capaz de convencerlo de que, cualquiera de nosotros, mientras dormimos, podemos sufrir ese fenómeno. Esa noche, la anciana y mi guía estuvieron largo tiempo en oración, con las manos extendidas sobre mi cuerpo. Al día siguiente, renqueando un poco, estaba de nuevo en el Extraño Camino de Santiago.

Le pregunté a Petrus si él llegó a sentirse preocupado por mi recuperación.

—Existe una regla en el Camino de Santiago de la cual no te hablé antes —respondió—. Es la siguiente: una vez iniciado, la única disculpa para interrumpirlo es por motivos de enfermedad. Si tú no fueses capaz de resistir a las heridas y continuases con fiebre, sería un presagio de que nuestro viaje debía parar aquí.

Pero, dijo con cierto orgullo, sus oraciones habían sido atendidas. Tuve la certeza de que ese coraje era tan importante para él como para mí.

El camino ahora era todo en bajada y Petrus me avisó que durante dos días sería así. Habíamos vuelto a caminar en nuestro ritmo habitual, con la siesta todas las tardes en la hora en que el sol era más intenso. Por causa de mis vendas él cargaba mi mochila. Ya no tenía tanta prisa: el encuentro marcado se había cumplido.

Mi estado de ánimo mejoraba a cada hora y me sentía orgulloso de mí mismo: había escalado una cascada y derrotado al demonio del Camino. Ahora sólo faltaba la tarea más importante: encontrar mi espada. Comenté esto con Petrus.

—La victoria fue bonita, pero fallaste en lo más importante —dijo él, lanzando un verdadero balde de agua fría encima de mí.

—¿Qué fue?

—Saber el momento exacto del combate. Yo tuve que andar más rápido, hacer una marcha forzada, y todo lo que podías pensar era que estábamos en busca de tu espada. ¿De qué sirve una espada si el hombre no sabe dónde va a encontrar a su enemigo?

—La espada es mi instrumento de Poder —respondí.

—Estás demasiado convencido de tu poder —dijo—. La cascada, las Prácticas de RAM, las conversaciones con tu Mensajero te hicieron olvidar que te faltaba vencer a un enemigo. Y que tú tenías un encuentro marcado con él. Antes de que la mano maneje la espada, ella debe localizar al enemigo y saber cómo enfrentarse con él. La espada da sólo el golpe. Pero la mano ya está victoriosa o derrotada antes de ese golpe.

"Tú conseguiste vencer a Legión sin tu espada. Existe un secreto en esta búsqueda que aún no has descubierto pero que sin el cual no hallarás lo que buscas.

Me quedé callado. Cada vez que estaba seguro de estar llegando al final, cerca de mi objetivo, Petrus insistía en recordarme que yo era un simple peregrino y que siempre había algo que faltaba para encontrar lo que estaba buscando. La sensación de alegría que me embargaba cuando empecé la conversación había desaparecido por completo.

Una vez más estaba comenzando el Extraño Camino de Santiago. Me sentí desanimado. Por aquella carretera que ahora mis pies pisaban, millones de personas habían pasado durante doce siglos yendo y viniendo de Santiago de Compostela. En el caso de ellas, llegar donde querían era sólo una cuestión de tiempo. En mi caso, las trampas de la Tradición estaban siempre representando un obstáculo por vencer, una prueba que tenía que ser cumplida.

Le dije a Petrus que me sentía cansado y que nos sentáramos en una sombra en la bajada. Había grandes cruces de madera a los lados del camino. Petrus dejó las dos mochilas en el suelo y continuó diciendo:

—Un enemigo siempre representa nuestro lado débil. Que puede ser el miedo al dolor físico, pero puede también ser la sensación prematura de la victoria, o el deseo de abandonar el combate por considerar que no vale la pena.

"Nuestro enemigo sólo entra en la lucha porque sabe que puede alcanzarnos. Exactamente en aquel punto donde nuestro orgullo nos hace creer que somos invencibles. Durante la lucha estamos siempre tratando de defender nuestro lado débil, mientras el Enemigo golpea el lado no protegido, aquel en el cual teníamos más confianza. Y terminamos derrotados porque sucedió lo que nunca deberíamos haber permitido: dejar que el Enemigo escogiera la forma de luchar.

Todo lo que Petrus estaba diciendo había ocurrido en el combate con el perro. Al mismo tiempo, yo rechazaba la idea de tener enemigos y de tener que combatir contra ellos. Cuando Petrus se refería al Buen Combate, siempre creí que se refería a la lucha por la vida.

—Tienes razón, pero el Buen Combate no es eso solamente. Guerrear no es un pecado —dijo después que le expuse mis dudas—. Guerrear es un acto de amor. El Enemigo nos ayuda a desarrollarnos y nos perfecciona, como el perro lo hizo contigo.

—Sin embargo, parece que tú nunca estás satisfecho. Siempre falta algo. Ahora vienes a hablarme del secreto de mi espada.

Petrus dijo que ése era un asunto que yo debería haber sabido antes de iniciar la caminata. Siguió hablando del Enemigo.

—El Enemigo es una parte de Ágape y está allí para poner a prueba nuestra mano y nuestra voluntad en el manejo de la espada. Fue colocado en nuestras vidas, y nosotros en la vida de él, con un propósito. Este propósito tiene que ser satisfecho. Por eso, huir de la lucha es lo peor que puede sucedernos. Es peor que perder la lucha, porque en la derrota siempre podemos aprender algo, pero en la fuga todo lo que logramos es declarar la victoria de nuestro Enemigo.

Dije que me sorprendía oír a Petrus, que parecía tener una gran relación con Jesús, hablando de violencia de aquella manera.

—Piensa en la necesidad de Judas para Jesús —dijo—. Él tenía que elegir un Enemigo o su lucha en la tierra no podría ser glorificada.

Las cruces de madera en el camino mostraban cómo había sido construida aquella gloria: con sangre, traición y abandono. Me levanté y dije que estaba listo para continuar la caminata.

Mientras andaba, pregunté cuál era, en una lucha, el punto más fuerte en que un hombre puede apoyarse para vencer al Enemigo.

—En su presente. El hombre se apoya mejor en lo que está haciendo ahora porque allí está Ágape, la voluntad de vencer con Entusiasmo.

"Y hay otra cosa que quiero dejar bien en claro: el Enemigo raramente representa al Mal. Él está siempre presente porque una espada sin uso termina por oxidarse en su vaina.

Recordé cuando, cierta vez, mientras estábamos construyendo una casa de veraneo, mi mujer había decidido cambiar, de una hora para otra, la disposición de una de las habitaciones. Me dejó a mí la desagradable tarea de comunicar este cambio al albañil. Lo llamé —un hombre de unos sesenta años— y le comuniqué lo que quería. Él miró, pensó y dio una solución mucho mejor, utilizando la pared que ya había empezado a levantar. Mi mujer quedó encantada con la idea.

Tal vez eso era lo que Petrus trataba de explicarme con palabras tan complicadas: respecto a la utilización de la fuerza de lo que estamos haciendo para vencer al Enemigo.

Le conté la historia del albañil.

—La vida enseña más que el Extraño Camino de Santiago —respondió—. Pero nosotros no tenemos mucha fe en las enseñanzas de la vida.

Las cruces continuaban a lo largo de toda la Ruta Jacobea. Debían de ser obra de un peregrino con fuerza casi sobrehumana para levantar aquella madera sólida y pesada. Había cruces cada treinta metros, y se extendían hasta donde mi vista alcanzaba. Le pregunté a Petrus qué significaban.

—Un viejo y anticuado instrumento de tortura —respondió.

—¿Y por qué están aquí?

—Tal vez haya sido una promesa. ¿Cómo voy a saberlo?

Nos detuvimos frente a una que había sido derribada.

—Tal vez la madera esté podrida —dije.

—Es una madera igual que las otras. Y ninguna está podrida.

—Entonces no fue enterrada en el suelo con firmeza.

Petrus se detuvo y miró en torno. Soltó la mochila en el suelo y se sentó. No hacía mucho que habíamos descansado, por lo que su gesto me sorprendió. Instintivamente miré a mi alrededor buscando el perro.

—Tú ya venciste al perro —declaró, adivinando mis pensamientos—. No te asustes con el fantasma de los muertos.

—Entonces, ¿por qué nos detenemos?

Petrus me hizo una seña para que me callara y se quedó en silencio durante unos minutos. Sentí de nuevo el viejo miedo del perro y preferí quedarme de pie, esperando que se decidiera a hablar.

—¿Qué estás escuchando? —pregunté después de un tiempo. —Nada. El silencio.

—¡Ojalá fuéramos tan iluminados como para escuchar el silencio! Pero somos hombres y ni siquiera sabemos escuchar nuestros propios susurros.

—Tú nunca me preguntaste cómo presentí la llegada
de Legión, y ahora voy a decírtelo: por la audición. El
ruido empezó muchos días antes, cuando aún estábamos
en Astorga. A partir de ahí empecé a andar más rápido,
pues todo indicaba que nuestros caminos irían a cruzar-
se en Foncebadón. Tú oíste el mismo ruido que yo, pero no entendiste. Todo está escrito en los ruidos. El pasado, el presente y el futuro de los hombres. Un hombre
que no sabe oír no puede escuchar los consejos que la vida le da a cada instante. Sólo quien escucha el ruido del
presente puede tomar la decisión correcta.

Petrus me invitó a sentarme y me pidió que me olvidara del perro. Después se ofreció a enseñarme una de
las Prácticas más fáciles y más importantes del Camino
de Santiago.

Y me explicó "El Ejercicio de la Audición".

—Hazlo ahora mismo —sugirió.

Empecé a realizar el ejercicio. Escuchaba el viento,
una lejana voz femenina, y a determinada altura oí una
rama que estaba siendo quebrada. No era realmente un
ejercicio difícil y su simplicidad me dejó fascinado. Pegué
el oído al suelo y empecé a oír el ruido sordo de la tierra. Poco a poco pude distinguir los distintos sonidos: el
sonido de las hojas quietas, el sonido de la voz a la distancia, el ruido de las alas de un pájaro volando. Un animal gruñó pero no pude distinguir qué tipo de bicho era.
Los quince minutos de ejercicio pasaron volando.

—Con el tiempo verás que este ejercicio te ayudará a
tomar la decisión correcta —dijo Petrus, sin preguntar lo
que había escuchado—. Ágape habla por el Globo Azul,
pero también habla por la visión, por el tacto, por el perfume, por el corazón y por los oídos. En una semana, como máximo, empezarás a oír voces. Primero serán voces

EL EJERCICIO DE LA AUDICIÓN

Relájese. Cierre los ojos.

Trate, durante algunos minutos, de concentrarse en todos los sonidos que lo rodean, como si fuese una orquesta tocando sus instrumentos.

Poco a poco, irá distinguiendo cada sonido por separado.

Concéntrese en uno por uno, como si fuese uno solo el instrumento que está sonando. Trate de eliminar de su mente todos los otros sonidos.

Con la práctica diaria de este ejercicio, usted comenzará a oír voces. Primero creerá que son fruto de su imaginación.

Después descubrirá que son voces de personas pasadas, presentes y futuras, participando de la Memoria del Tiempo.

Este ejercicio sólo puede ser realizado si usted ya conoce la voz de su Mensajero.

Duración mínima: diez minutos.

tímidas que poco a poco te irán a decir cosas importantes. Cuidado con lo que te diga tu Mensajero, pues tratará de confundirte. Pero como tú conoces su voz, dejará de ser una amenaza.

Petrus preguntó si escuché la llamada alegre de un Enemigo, la invitación de una mujer, o el secreto de mi espada.

—Escuché solamente una lejana voz de mujer —repuse—. Pero era la voz de una campesina llamando a su hijo.

—Entonces, mira esta cruz frente a ti, y colócala de pie con tu pensamiento.

Pregunté cuál era el ejercicio.

—Tener fe en tu pensamiento —respondió.

Me senté en el suelo en posición de yoga. Sabía que después de todo lo que había conseguido —del perro, de la cascada—, podría también conseguir esto. Miré fijamente la cruz. Me imaginé saliendo del cuerpo, agarrando sus brazos y levantándola con mi cuerpo astral. En el camino de la Tradición ya había hecho algunos de estos pequeños "milagros". Podía quebrar vasos, estatuas de porcelana y mover cosas encima de la mesa. Era un truco fácil de magia que, a pesar de no significar Poder, ayudaba mucho a convencer a los "impíos". Nunca lo había intentado antes con un objeto del tamaño y peso de aquella cruz, pero si Petrus me había mandado, yo sabría hacerlo.

Durante media hora lo intenté de todas las maneras. Utilicé viaje astral y sugestión. Me acordé del dominio que el Maestre tenía de la fuerza de gravedad y traté de repetir las palabras que él siempre decía en estas ocasiones. No pasó nada. Estaba completamente concentrado y la cruz no se movía. Invoqué a Astrain, que apareció entre las columnas de fuego. Pero cuando le hablé de la cruz, dijo que detestaba ese objeto.

Petrus terminó sacudiéndome y me hizo salir del trance.

—Vamos, esto se está poniendo muy monótono —dijo—. Ya que no puedes levantar la cruz con el pensamiento, ponla en pie con las manos.

—¿Con las manos?

—¡Obedece!

Me asusté. De pronto estaba frente a mí un hombre rudo, muy diferente de aquel que había cuidado mis heridas. No sabía qué decir ni qué hacer.

—¡Obedece! —repitió—. ¡Es una orden!

Estaba con las manos y los brazos vendados por la pelea con el perro. A pesar del ejercicio de oír, mis oídos se negaban a creer en lo que escuchaban. Sin decir nada, le mostré las vendas. Pero él continuó mirándome sin ninguna expresión. Esperaba que yo le obedeciera. El guía y amigo que me había acompañado durante todo este tiempo, que me había enseñado las Prácticas de RAM y contado las bellas historias del Camino de Santiago, parecía no estar allí. En su lugar, veía apenas un hombre que me miraba como si fuese un esclavo y me pedía cosas imposibles y estúpidas.

—¿Qué estás esperando? —preguntó de nuevo.

Me acordé de la cascada. Recordé que ese día había dudado de Petrus y que él había sido generoso conmigo. Había demostrado su amor e impedido que desistiera de la espada. No podía entender por qué alguien tan generoso estaba siendo tan rudo ahora, representando en aquel momento todo lo que la raza humana estaba tratando de eliminar: la opresión del hombre por su semejante.

—Petrus, yo...

—¡Obedece o el Camino de Santiago terminará aquí!

El miedo volvió. Sentía más miedo de él que el que había sentido en la cascada; más miedo de él, que el que había sentido por el perro que me había asustado por tanto tiempo. Pedí desesperadamente que la naturaleza me proporcionara algún indicio, que yo pudiera oír alguna cosa justificando aquella orden sin sentido. Todo continuó en silencio a mi alrededor. Era obedecer a Petrus o perder mi espada. Levanté una vez más los brazos vendados, pero él se sentó en el suelo esperando que yo cumpliera la orden.

Entonces decidí que lo mejor era obedecer.

Caminé hasta la cruz y traté de empujarla con el pie, para comprobar su peso. Ni se movió. Aunque tuviera las manos libres, sería muy difícil levantarla, e imaginé que con las manos vendadas aquella tarea sería casi imposible. Pero yo iba a obedecer. Iba a morir allí enfrente, si eso fuera necesario; iba a sudar sangre como Jesús sudó cuando tuvo que cargar aquel mismo peso, pero él iba a ver mi dignidad y tal vez eso tocaría su corazón y me libraría de aquella prueba.

La cruz se había quebrado en la base, pero todavía estaba sostenida por algunas astillas de madera. No tenía un cortaplumas para cortarlas. Dominando el dolor, me abracé a ella e intenté arrancarla de la base rota sin usar las manos. Las heridas de los brazos entraron en contacto con la madera y el roce me hizo gritar de dolor. Miré a Petrus y él continuaba impasible. Decidí no volver a gritar: los gritos, a partir de ese instante, iban a morir dentro de mi corazón.

Noté que mi problema inmediato no era mover la cruz, sino librarla de su base y después cavar un hoyo en el suelo y empujarla dentro. Elegí una piedra afilada y, dominando el dolor, comencé a golpear y a fregar las fibras de madera.

El dolor aumentaba a cada instante y las fibras iban cediendo lentamente. Tenía que terminar con eso rápido, antes que las heridas se abrieran de nuevo y la situación se hiciera insoportable. Decidí hacer el trabajo un poco más lento para alcanzar a terminar antes que el dolor me venciera. Me saqué la camiseta, la enrollé en mi mano y así, más protegido, reinicié el trabajo. La idea fue buena: se rompió la primera fibra, poco después la segunda. La piedra gastó el filo y busqué otra. Cada vez que paraba el trabajo tenía la impresión de que no podría recomenzarlo de nuevo. Junté varias piedras afiladas y las fui utilizando una después de otra, para que el calor de la mano trabajando disminuyera el efecto del dolor. Casi todas las astillas ya se habían cortado, empero la fibra principal aún resistía. El dolor en la mano fue aumentando y descarté el plan inicial, pasando a trabajar frenéticamente. Sabía que llegaría a un punto en que no sería capaz de soportar el dolor. Este punto estaba próximo y era apenas una cuestión de tiempo, un tiempo que necesitaba vencer. Fui aserrando, golpeando, sintiendo que entre la piel y la venda alguna cosa pastosa empezaba a dificultar los movimientos. "Debe de ser sangre", pensé, pero evité pensar más. Apreté los dientes. La fibra principal pareció ceder. Estaba tan nervioso que me paré y di un puntapié con todas mis fuerzas en aquel tronco que me estaba dando tanto sufrimiento.

Con un ruido, la cruz cayó hacia un lado, libre de su base.

Mi alegría duró sólo algunos segundos. La mano empezó a temblar agitadamente cuando apenas había empezado la tarea. Miré a Petrus y él se había dormido. Durante algún tiempo quedé imaginando una manera de engañarlo, de colocar la cruz de pie sin que él se diera cuenta.

Pero era exactamente esto lo que Petrus quería: que colocase la cruz de pie. No había forma de engañarlo, pues la tarea sólo dependía de mí. Observé el suelo, la tierra amarillenta y seca. Nuevamente las piedras serían mi única salida. Ya no podía usar la mano derecha porque estaba muy dolorida y tenía aquella cosa pastosa dentro que me llenaba de aflicción. Saqué lentamente la camisa que estaba protegiendo las vendas: el rojo de la sangre había manchado las gasas, después que la herida estaba casi cicatrizada. Petrus era inhumano.

Busqué otro tipo de piedra, más pesada, más resistente. Enrollando la camisa en la mano izquierda, empecé a cavar en el suelo frente a la cruz. El progreso inicial, que parecía rápido, pronto fue cediendo, frente a un suelo duro y reseco. Yo continuaba cavando y el hoyo parecía tener siempre la misma profundidad. Resolví no dejarlo muy ancho para que la cruz pudiera encajar sin que quedara suelta en la base, y esto aumentaba la dificultad para sacar la tierra del fondo. La mano derecha ya no me dolía, pero la sangre coagulada me producía náuseas y aflicción. Como no tenía práctica en trabajar con la mano izquierda, a cada momento la piedra se soltaba de mis dedos.

Cavé durante un tiempo interminable. Cada vez que la piedra golpeaba el suelo, cada vez que mi mano entraba en el hoyo para sacar la tierra, pensaba en Petrus. Veía su sueño tranquilo y lo odiaba desde el fondo de mi corazón. Ni el ruido ni el odio parecían molestarle. "Petrus debe de tener sus motivos", pensé, pero no podía entender aquella servidumbre ni la manera como me había humillado. Entonces, el suelo se transformaba en su rostro y yo lo golpeaba más fuerte. La rabia me ayudaba a cavar más profundo. Ahora era sólo una cuestión de tiempo: tarde o temprano acabaría consiguiendo mis propósitos.

Cuando acabé de discurrir así, la piedra tocó en algo sólido y se me soltó otra vez. Era exactamente lo que temía: después de tanto tiempo de trabajo, había encontrado otra piedra demasiado grande para poder seguir.

Me levanté y enjugué el sudor de mi rostro. Pensaba. No tenía fuerzas suficientes para transportar la cruz a otro lugar ni podría empezar todo de nuevo porque la mano izquierda —ahora que me había detenido— mostraba señales de insensibilidad. Aquello era peor que el dolor y me dejó preocupado. Examiné mis dedos y vi que continuaban moviéndose, obedeciendo mis órdenes, pero mi instinto me decía que no debía sacrificar más aquella mano.

Miré el hueco; no era suficientemente grande para soportar la cruz con todo su peso.

"La solución errada te indicará la correcta." Yo me acordé del ejercicio de las sombras y de la afirmación de Petrus. Al mismo tiempo, él decía enfáticamente que las Prácticas de RAM sólo tenían sentido si podían ser aplicadas en los desafíos diarios de la vida. Por lo tanto, frente a una situación absurda como aquélla, las Prácticas de RAM debían servir para algo.

"La solución errada te indicará la correcta." El camino imposible era arrastrar la cruz para otro lugar, porque no tenía fuerzas para eso. El camino imposible era seguir cavando, llegar más al fondo de este suelo.

Entonces, si el camino imposible era descender al fondo de la tierra, el camino posible era levantar el suelo. Pero ¿cómo?

Y, de repente, todo mi amor por Petrus reapareció. Él tenía razón. Yo podía levantar el suelo.

Comencé a juntar todas las piedras que encontré a mi alrededor y a colocarlas en torno a la boca del agujero que había logrado hacer, mezclándolas con la tierra que había retirado. Con un supremo esfuerzo, levanté un poco el pie de la cruz y lo calcé en las piedras de manera que quedara un poco más alto. En media hora el suelo había subido lo suficiente como para dar la impresión de que el hoyo estaba con la profundidad requerida.

Ahora sólo me faltaba colocar la cruz dentro del hoyo. Era el último esfuerzo y tenía que conseguirlo. Una de las manos estaba insensible y la otra dolorida. Mis brazos estaban vendados. Pero tenía la espalda intacta, sólo con algunos rasguños. Si me tendiese de bruces por debajo de la cruz y la fuese levantando poco a poco, podría hacerla deslizar dentro del hoyo.

Me tendí en el suelo, sintiendo el polvo en la boca y en los ojos. La mano insensible hizo un último esfuerzo y levantó la cruz un poco, permitiendo que entrara debajo. Con todo cuidado la acomodé para que el tronco quedara en mi columna. Sentí su peso. Era bastante, pero no imposible de soportar. Recordé el ejercicio de la semilla, y lentamente me fui acomodando, buscando la posición fetal debajo de la cruz, equilibrándola en mi espalda. Por algunos instantes pensé que podría resbalar, pero me movía tan lentamente que podía prever el desequilibrio y corregirlo a tiempo. Finalmente alcancé la posición fetal, colocando las rodillas delante y manteniendo la cruz equilibrada en mi espalda. Por un momento, el pie de la cruz vaciló en el montón de piedras, pero no se salió del lugar.

"Menos mal que no necesito salvar el universo", pensé, oprimido por el peso de aquella cruz y de todo lo que ella representaba. Un profundo sentimiento de religiosidad me embargó. Recordé que ya Alguien había cargado en sus espaldas una cruz y que sus manos heridas no podían escapar, como las mías, del dolor y de la madera. Era un sentimiento de religiosidad cargado de dolor que aparté en seguida de mi mente, porque la cruz en mis espaldas empezaba a vacilar de nuevo.

Entonces, levantándome lentamente, comencé a renacer. No podía mirar hacia atrás y el ruido era la única forma de orientación; mas, poco antes, yo había aprendido a escuchar el mundo, como si Petrus pudiese adivinar que yo necesitaría de este tipo de conocimiento ahora. Sentía el peso y las piedras acomodándose, pero la cruz subía lentamente para redimirme de aquella prueba y volver a ser la extraña moldura de una parte del Camino de Santiago.

Sólo faltaba ahora el esfuerzo final. Cuando estuviera sentado en mis talones, debería resbalar de mis espaldas y caer en el fondo del hoyo. Una o dos piedras rodaron fuera, pero la cruz ahora me estaba ayudando, pues no se salió de la dirección del punto en que había levantado el suelo. Finalmente, un tirón en mis espaldas indicó que la base había quedado libre. Era el momento final, semejante al de la cascada, cuando tuve que atravesar la corriente de agua. El momento más difícil, porque uno tiene miedo de perder, y quiere desistir antes que eso suceda. Una vez más, sentí lo absurdo de mi tarea: colocar una cruz de pie cuando lo único que quería era encontrar mi espada y derribar todas las cruces para que pudiera renacer en el mundo el Cristo Redentor. Nada de esto importaba. Con un súbito golpe empujé la espalda, la cruz se deslizó y en aquel instante entendí, una vez más, que era el destino el que estaba guiando la obra que yo había hecho.

Me quedé esperando el impacto que haría la cruz, cayendo para el otro lado y lanzando las piedras en todas direcciones. Después pensé que tal vez el impulso no fuera el suficiente y que ella caería de nuevo sobre mí. Pero todo lo que oí fue un ruido sordo de algo golpeando el fondo de la tierra.

Giré lentamente. La cruz estaba de pie, aún balanceándose debido al impulso. Algunas piedras rodaban del montón, pero no había peligro que cayera. Rápidamente recoloqué las piedras en su lugar y me abracé a ella para que dejara de oscilar. En ese momento la sentí viva, caliente, consciente de que había sido una amiga ayudándome en la tarea. Me fui separando lentamente, ajustando las piedras con los pies.

Quedé admirando mi trabajo durante algún tiempo hasta que las heridas comenzaron a dolerme. Petrus aún dormía. Llegué a su lado y lo moví con el pie. Despertó bruscamente y miró la cruz.

—Muy bien —fue todo lo que dijo—. En Ponferrada te cambias las vendas.

La tradición

Yo preferiría haber levantado un árbol. Aquella cruz en mis espaldas me dio la impresión de que el objetivo de la búsqueda de la sabiduría es ser sacrificado por los hombres.

Miré alrededor y mis propias palabras sonaron sin sentido. El episodio de la cruz era algo distante, como si ya hubiese ocurrido hace mucho tiempo, y no el día anterior. No combinaba de ningún modo con la bañera de mármol negro, el agua tibia de la piscina de hidromasaje y la copa de cristal con un excelente Rioja que bebía lentamente. Petrus estaba fuera del alcance de mi vista, en la habitación del lujoso hotel donde nos habíamos hospedado.

—¿Por qué la cruz? —insistí.

—Resultó difícil convencer a los de la recepción que no eras un mendigo —gritó desde el cuarto.

Había cambiado de tema y yo sabía que no sacaría nada con insistir. Me levanté, me puse un pantalón largo y una camisa limpia y cambié las vendas de las heridas. Había retirado los curativos con todo cuidado, esperando encontrar llagas, pero sólo las costras de las heridas se habían roto, dejando salir un poco de sangre. Ya se había formado una nueva cicatriz y me estaba sintiendo recuperado y bien dispuesto.

Cenamos en el propio restaurante del hotel. Petrus pidió la especialidad de la casa —una paella valenciana—, que comimos en silencio, acompañados sólo por el vino de Rioja. Al final de la cena me invitó a dar un paseo.

Salimos del hotel y fuimos hasta la estación ferroviaria. Él había vuelto a su mutismo habitual y continuó callado durante la caminata. Llegamos a un patio de estacionamiento de vagones de tren, sucio y oliendo a grasa. Se sentó al borde de una gigantesca locomotora.

—Vamos a parar aquí —dijo.

No quería ensuciar mi pantalón con manchas de aceite y preferí quedar de pie. Le pregunté si no sería mejor caminar hasta la plaza de Ponferrada.

—El Camino de Santiago está por terminar —dijo mi guía—. Y como nuestra realidad está mucho más cerca de estos trenes oliendo a grasa que de los bucólicos rincones que conocimos en nuestra jornada, es mejor que nuestra conversación de hoy sea aquí.

Petrus me pidió que me sacara la camisa. Después soltó las vendas de los brazos dejando las de las manos.

—No te aflijas —dijo—. No vas a necesitar tus manos ahora, por lo menos para agarrar algo.

Estaba más serio de lo habitual, y su tono de voz me dejó preocupado. Algo importante estaba por ocurrir.

Petrus volvió a sentarse al borde de la locomotora y se quedó mirándome durante largo rato. Después dijo:

—No voy a decirte nada sobre el episodio de ayer. Descubrirás por ti mismo el significado, y esto sólo sucederá si te decides algún día a hacer el Camino de Roma, que es el Camino de los Carismas y de los milagros. Quiero decirte una sola cosa: los hombres que se juzgan sabios son indecisos a la hora de mandar y son rebeldes en la hora de servir. Consideran una vergüenza dar órdenes y una deshonra recibirlas. Nunca reacciones así.

"En la habitación dijiste que el camino de la sabiduría llevaba al sacrificio. Esto es un error. Tu aprendizaje no terminó ayer: falta descubrir tu espada y el secreto que ella encierra. Las Prácticas de RAM llevan al hombre a afrontar el Buen Combate y a tener mayores oportunidades de victoria en la vida. La experiencia por la que tú pasaste ayer era apenas una prueba del Camino, una preparación para el Camino de Roma, si quieres hacerlo. Me entristece que hayas pensado así.

Había realmente un tono de tristeza en su voz. Me di cuenta de que durante todo el tiempo en que estuvimos juntos, casi siempre había puesto en duda aquello que me enseñaba. Yo no era un Castaneda humilde y poderoso frente a las enseñanzas de don Juan, sino un hombre soberbio y rebelde ante toda la simplicidad de las Prácticas de RAM. Tuve la intención de decirle esto, pero sabía que ya era demasiado tarde.

—Cierra los ojos —dijo Petrus—. Haz el Soplo de RAM y trata de sintonizar con estos hierros, estas máquinas, este olor a aceite. Éste es nuestro mundo. Sólo debes abrir los ojos cuando yo termine mi parte y te haya enseñado un ejercicio.

Me concentré en el Soplo, cerré los ojos y mi cuerpo empezó a relajarse. Escuchaba el ruido de la ciudad, algunos perros ladrando a lo lejos y un murmullo de voces discutiendo no lejos del lugar donde nos encontrábamos. De repente escuché la voz de Petrus cantando una canción italiana que había sido un éxito en mi adolescencia, en la voz de Peppino di Capri. No entendía la letra, pero la canción me trajo gratos recuerdos y me ayudó a entrar en un estado de mayor tranquilidad.

—Hace algún tiempo —comenzó él, después de cantar—, cuando preparaba un proyecto para la Alcaldía de
Milán, recibí un recado de mi Maestre. Alguien había
llegado al final del camino de la Tradición y no había recibido su espada. Debía guiarlo por el Camino de Santiago.

"El hecho no fue una sorpresa para mí: esperaba una
llamada así en cualquier momento, porque aún no había pagado mi tarea: guiar un peregrino por la Vía Láctea, de la misma forma en que fui guiado un día. Pero
esto me puso nervioso porque era la primera y única vez
que podría hacer esto y no sabía cómo desempeñar mi
misión.

Las palabras de Petrus fueron una gran sorpresa para
mí. Yo creía que él había hecho esto decenas de veces.

—Tú viniste y yo te conduje —continuó—. Confieso
que al principio fue muy difícil porque tú estabas más interesado en el lado intelectual de las enseñanzas que en
el verdadero sentido del Camino, que es el camino de las
personas comunes. Después del encuentro con Alfonso,
pasé a tener una relación más intensa contigo y a creer
que te haría aprender el secreto de tu espada. Pero esto
no ocurrió, y ahora tendrás que aprender por ti mismo
en el poco tiempo que te queda para ello.

La conversación me dejó nervioso y me desconcentré
en el Soplo de RAM. Petrus debió de darse cuenta, pues
volvió a cantar la vieja canción y sólo terminó cuando
estuve completamente relajado.

—Si descubres el secreto y encuentras tu espada, descubrirás también la faz de RAM y serás dueño del Poder. Pero esto no es todo: para alcanzar la sabiduría total, todavía tendrás que recorrer los otros Tres Caminos,
incluso el camino secreto, que no te será revelado ni si-

quiera por el que ya pasó por él. Te estoy contando esto porque sólo volveremos a encontrarnos una vez más.

Mi corazón dio un vuelco y abrí desorbitadamente los ojos. Petrus estaba brillando con el tipo de luz que yo sólo había visto en el Maestre.

—¡Cierra los ojos!

Y yo obedecí rápidamente.

Pero mi corazón estaba oprimido y no conseguía volver a concentrarme. Mi guía volvió a entonar la canción italiana, y después de un prolongado tiempo pude relajarme un poco.

—Mañana recibirás un mensaje diciendo dónde estoy. Será un ritual de iniciación colectivo, un ritual de honra a la Tradición, a los hombres y mujeres que durante todos estos siglos han ayudado a mantener encendida la llama de la sabiduría, del Buen Combate y de Ágape. Tú no podrás hablar conmigo. El lugar donde nos vamos a encontrar es sagrado, bañado por la sangre de los caballeros que siguieron el camino de la Tradición y aun con sus espadas afiladas no fueron capaces de derrotar las tinieblas. Pero su sacrificio no fue en vano, y lo prueba el hecho de que, siglos después, personas que siguen caminos diferentes estarán allí para rendir su tributo. Esto es muy importante y no lo olvides jamás: aunque llegues a ser un Maestre, debes saber que tu camino es sólo uno de los muchos que llevan a Dios. Jesús dijo cierta vez: "La casa de mi Padre tiene muchas Moradas." Y sabía perfectamente de lo que estaba hablando.

Petrus repitió una vez más que pasado mañana no volvería a verlo.

—Un día, en el futuro, recibirás un comunicado mío, pidiendo que conduzcas a alguien por el Camino de Santiago, de la misma manera que yo te conduje. Entonces podrás vivir el gran secreto de esta jornada, que es un secreto que ahora te revelaré solamente con palabras, pero que necesitas vivirlo para que lo comprendas.

Hubo un silencio prolongado. Llegué a pensar que había cambiado de idea o que hubiese salido del patio de
estacionamiento de los trenes. Sentí un inmenso deseo de
abrir los ojos y ver lo que estaba pasando y tuve que esforzarme para concentrarme en el Soplo de RAM.

—El secreto es el siguiente —dijo la voz de Petrus después de largo tiempo—. Sólo puedes aprender cuando enseñas. Juntos hicimos el Extraño Camino de Santiago y,
mientras aprendías las Prácticas, yo pasaba a conocer sus
significados. Al enseñarte, aprendí de verdad. Al asumir
el papel de guía conseguí encontrar mi propio camino.

"Si consigues encontrar tu espada, tendrás que enseñarle el Camino a alguien. Y sólo cuando esto suceda,
cuando aceptes el papel de Maestre, verás todas las respuestas dentro de tu corazón. Todos nosotros ya conocemos todo, antes que alguien nos haya hablado siquiera al respecto. La vida enseña a cada momento y el único
secreto es aceptar que, apenas aprendiendo de lo cotidiano, podemos ser tan sabios como Salomón y tan poderosos como Alejandro Magno. Pero sólo tomamos conocimiento de esto cuando nos vemos forzados a enseñar a
alguien y a participar de aventuras tan extravagantes como ésta.

Yo estaba viviendo una de las despedidas más inesperadas de mi vida. Aquel con quien yo había tenido una
relación tan intensa, de quien esperaba me condujera
hasta mi objetivo, me dejaba en medio del camino. En
una estación de tren, oliendo a grasa y manteniéndome
con los ojos cerrados.

—No me gusta decir adiós —continuó Petrus—. Soy

italiano y, por lo tanto, emocional. Por fuerza de la Ley, tendrás que descubrir tu espada por ti mismo; ésta es la única manera de que creas en tu propio poder. Todo lo que tenía para enseñarte ya te lo transmití. Falta solamente el ejercicio de la danza que te enseñaré ahora y que deberás hacer mañana en la celebración ritual.

Guardó silencio por un breve tiempo y entonces agregó:

—Aquel que se glorifica, que se glorifique en el Señor. Puedes abrir los ojos.

Petrus estaba tranquilamente sentado en un gancho de la máquina. No estaba con ganas de hablar. Soy brasileño y también emocional. La bombilla de mercurio que nos iluminaba comenzó a pestañear y un tren silbó a lo lejos, anunciando su próxima llegada.

Petrus, entonces, me enseñó "El Ejercicio de la Danza".

—Algo más —dijo, mirándome al fondo de mis ojos—. Cuando terminé mi peregrinación, pinté un bello y enorme cuadro, revelando todo lo que me sucedió aquí. Éste es el camino de las personas comunes, y tú puedes hacer lo mismo si quieres. Si no sabes pintar, escribe algo o inventa un ballet. Así, independientemente de donde estén las personas, podrán recorrer la Ruta Jacobea, la Vía Láctea, el Extraño Camino de Santiago.

El tren que había silbado empezó a entrar en la estación. Petrus hizo un ademán de despedida y desapareció entre los vagones del estacionamiento. Me quedé allí, entre aquellos ruidos de frenos sobre el acero, intentando descifrar la misteriosa Vía Láctea sobre mi cabeza, con sus estrellas que me habían conducido hasta aquí y que conducían, en su silencio, la soledad y el destino de los hombres.

EL EJERCICIO DE LA DANZA

Relájese.

Cierre los ojos.

*Imagine las primeras músicas que usted escuchó en su vida.
Cántelas en el pensamiento. Poco a poco vaya dejando que
determinada parte de su cuerpo —pies, vientre, manos,
cabeza, etc.—, pero sólo una parte, comience a danzar a
medida que usted entona la melodía.*

*Cinco minutos después, pare de cantar mentalmente y
escuche los ruidos que lo cercan. Componga con ellos una
música y dance con todo el cuerpo. Evite pensar en ninguna
cosa, pero trate de recordar las imágenes que aparecerán
espontáneamente.*

*La danza es una de las formas más perfectas de comunicación
con la Inteligencia Infinita.*

Duración: quince minutos.

Al día siguiente había un breve recado en el casillero de mi habitación: 7.00 PM CASTILLO DE LOS TEMPLARIOS.

Pasé el resto de la tarde caminando de un lado a otro. Crucé más de tres veces la pequeña ciudad de Ponferrada, mientras miraba, de lejos, en una elevación, el Castillo donde debería estar al atardecer. Los templarios siempre excitaron mucho mi imaginación y el castillo de Ponferrada no era la única marca de la Orden del Temple en la Ruta Jacobea. Creada por resolución de nueve caballeros que decidieron no volver de las Cruzadas, ellos habían extendido su poder por toda Europa en muy poco tiempo, provocando una verdadera revolución de costumbres al comienzo de este milenio. Mientras la mayor parte de la nobleza se preocupaba sólo de enriquecerse a costa del trabajo servil en el sistema feudal, los Caballeros del Temple dedicaron sus vidas, sus fortunas y sus espadas a una sola causa: proteger a los peregrinos de camino a Jerusalén, encontrando un modelo de vida espiritual que los ayudase en la búsqueda de la sabiduría.

En 1118, cuando Hugues de Payns y otros caballeros se reunieron en el patio de un viejo castillo abandonado, hicieron un juramento de amor por la humanidad. Dos siglos después ya existían más de cinco mil comendadorías esparcidas por todo el mundo conocido, conciliando dos actividades que hasta entonces parecían incompatibles: la vida militar y la vida religiosa. Las donaciones de sus miembros y las de los millares de peregrinos agradecidos contribuyeron a que la Orden del Temple acumulara en poco tiempo una riqueza incalculable, que más de una vez sirvió para rescatar cristianos importantes secuestrados por musulmanes. La honestidad de los Caballeros era tan grande que reyes y nobles confiaban a los Templarios sus valores, viajando sólo con un documento para comprobar la existencia de aquellos bienes. Este documento podía ser cambiado en cualquier Castillo de la Orden del Temple por una suma equivalente y dio origen a las letras de cambio que hoy conocemos.

La devoción espiritual, a su vez, hizo que los Caballeros Templarios comprendieran la gran verdad que Petrus recordara la noche anterior: que la Casa del Padre tenía muchas Moradas. Trataron, entonces, de dejar de lado los combates por la fe, y reunir las principales religiones monoteístas de la época: cristiana, judía e islámica. Sus capillas pasaron a tener la cúpula redonda del templo judío de Salomón, las paredes octogonales de las mezquitas árabes y las naves típicas de las iglesias cristianas.

Sin embargo, como todo lo que llega antes de la época, los Templarios pasaron a ser vistos con desconfianza. Su gran poder económico fue codiciado por los reyes, y la apertura religiosa se transformó en una amenaza para la Iglesia. El viernes 13 de octubre de 1307, el Vaticano y los principales Estados europeos comenzaron una de las mayores operaciones policiales de la Edad Media: durante la noche, los principales jefes templarios fueron secuestrados en sus castillos y conducidos a prisión. Eran acusados de practicar ceremonias secretas que incluían la adoración del Demonio, blasfemias contra Jesucristo, rituales orgíacos y prácticas sodomitas con los aspirantes. Después de una serie de violentas torturas, renegaciones y traiciones, la Orden del Temple fue barrida del mapa de la historia medieval. Sus tesoros fueron confiscados y sus miembros dispersos por el mundo. El último maestre de la Orden, Jacques de Mölay, fue quemado vivo en el centro de París, junto con otro compañero. Su última petición fue morir mirando las torres de la catedral de Notre-Dame.

España, mientras tanto, empeñada en la Reconquista de la península Ibérica, creyó por bien aceptar los Caballeros que huían de toda Europa para ayudar a sus reyes a combatir a los moros. Estos Caballeros fueron absorbidos por las órdenes españolas, entre las cuales la Orden de Santiago de la Espada, responsable de la protección del Camino.

Todo esto me pasó por la cabeza cuando, exactamente a las siete en punto de la tarde, crucé la puerta principal del viejo castillo del Temple en Ponferrada, donde tenía un encuentro marcado con la Tradición.

No había nadie. Esperé durante media hora, fumando un cigarrillo tras otro, hasta que imaginé lo peor: el Ritual debió de haber sido a las 7.00 AM, o sea, por la mañana. Pero, en el preciso momento en que decidía irme, entraron dos chicas con la bandera de Holanda y con la vieira —símbolo del Camino de Santiago— cosidas en la ropa. Ellas se acercaron a mí, intercambiamos algunas palabras y llegamos a la conclusión de que esperábamos lo mismo. El recado no estaba errado, pensé con alivio.

Cada quince minutos llegaba alguien. Aparecieron un australiano, cinco españoles y otro holandés. Fuera de algunas preguntas sobre el horario —duda común a todos— no conversamos casi nada. Nos sentamos juntos en el mismo lado del castillo —un atrio en ruinas que había servido como depósito de alimentos en tiempos antiguos— y decidimos aguardar hasta que algo sucediese. Aunque tuviésemos que esperar un día más y una noche.

La espera se prolongó y decidimos conversar un poco sobre los motivos que nos habían llevado hasta allí. En ese momento supe que el Camino de Santiago es utilizado por varias órdenes, la mayoría de ellas ligadas a la Tradición. Las personas que estaban allí habían pasado por muchas pruebas e iniciaciones, pruebas que yo conocí hace mucho tiempo en Brasil. Apenas el australiano y yo estábamos en busca del grado máximo del Primer Camino. Aunque sin entrar en detalles, supe que el proceso del australiano era completamente diferente de las Prácticas de RAM.

Aproximadamente a las ocho cuarenta y cinco de la noche, cuando íbamos a conversar sobre nuestras vidas personales, sonó un gong. El sonido venía de la antigua capilla del castillo. Nos dirigimos todos hacia allí.

Fue una escena impresionante. La capilla —o lo que restaba de ella, ya que la mayor parte era sólo ruinas— estaba toda iluminada con antorchas. En el sitio donde un día había estado el altar, perfilábanse siete siluetas vestidas con los trajes seculares de los Templarios: capuz y sombrero de acero, una cota de malla de hierro, la espada y el escudo. Perdí la respiración: parecía que el tiempo había dado un salto para atrás. La única cosa que mantenía el sentido de la realidad eran nuestros trajes, *jeans* y camisetas con vieiras cosidas.

A pesar de la débil iluminación de las antorchas, pude ver que uno de los Caballeros era Petrus.

—Aproxímense a sus maestres —dijo el que parecía ser el más viejo—. Miren solamente en sus ojos. Sáquense toda la ropa y reciban las vestiduras.

Caminé hasta Petrus y miré al fondo de sus ojos. Estaba en una especie de trance y tuve la impresión de que no me reconoció. Noté en sus ojos una cierta tristeza, la misma que denotara en su voz la noche anterior. Me saqué toda la ropa y Petrus me entregó una especie de túnica negra, perfumada, que cayó suelta por mi cuerpo. Deduje que uno de aquellos maestres debía de tener más de un discípulo, pero no podía ver cuál era porque debía mantener los ojos fijos en los de Petrus.

El Sumo Sacerdote nos encaminó hacia el centro de la capilla, y dos caballeros empezaron a hacer un círculo a nuestro alrededor, mientras lo consagraban:

—Trinitas, Sother, Messias, Emmanuel, Sabahot, Adonay, Athanatos, Jesu…*.

Y el círculo iba siendo trazado, protección indispensable para quienes estaban dentro de él. Reparé que cuatro de estas personas tenían una túnica blanca, lo que significa voto total de castidad.

—¡Amides, Theodonias, Anitor! —dijo el Sumo Sacerdote—. ¡Por el mérito de los Ángeles, Señor, coloco la vestimenta de la salvación y que todo aquello que yo desee pueda transformarme en realidad, a través de Ti, oh Muy Sagrado Adonai, cuyo Reino dura para siempre. Amén!

El Sumo Sacerdote vistió sobre la cota de malla el manto blanco, con la Cruz Templaria bordada en rojo en el centro. Los otros Caballeros hicieron lo mismo.

---

* Por ser el ritual extremadamente largo, y que sólo puede ser comprendido por aquellos que conocen el camino de la Tradición, opté por resumir las fórmulas utilizadas. Esto, sin embargo, no tiene ninguna incidencia en el libro, ya que este ritual fue realizado apenas visualizando el reencuentro y el respeto a los Antiguos. Lo importante de esta parte del Camino de Santiago —el Ejercicio de la Danza— está descrito aquí en su totalidad.

Eran exactamente las nueve de la noche, hora de Mercurio, el Mensajero. Y allí estaba yo, de nuevo en el centro de un círculo de la Tradición. Un incienso de menta, albahaca y benjuí fue asperjado en la capilla. Y comenzó la gran invocación, hecha por todos los Caballeros.

—Oh, Gran y Poderoso Rey N., que reinas por el poder del Supremo Dios, Él, sobre todos los espíritus superiores e inferiores, más especialmente sobre la Orden Infernal del Dominio del Este yo invoco [...] de manera que yo pueda conseguir mi deseo, sea cual fuese, siempre que sea propio a tu trabajo, por el poder de Dios, Él, que creó y dispone de todas las cosas, celestes, aéreas, terrestres e infernales.

Un profundo silencio cayó sobre nosotros y, aun sin ver, pudimos sentir la presencia del nombre invocado. Esto era la consagración del Ritual, una propicia señal para seguir en las operaciones mágicas. Yo había participado en centenares de operaciones así, con resultados mucho más sorprendentes cuando llega esta hora. Pero el castillo templario debió de haber estimulado un poco mi imaginación, pues me pareció ver, irguiéndose en el lado izquierdo de la capilla, una especie de ave, brillante, que nunca había visto antes.

El Sumo Sacerdote nos roció con agua, sin pisar dentro del círculo. Después, con la Tinta Sagrada, escribió en la tierra los setenta y dos nombres por los cuales es llamado Dios en la Tradición.

Todos nosotros —peregrinos y Caballeros— empezamos a recitar los nombres sagrados. El fuego de las antorchas crepitó, señal de que el espíritu invocado se había sometido.

Había llegado el momento de la Danza. Entendí por
qué Petrus me había enseñado a danzar el día anterior,
una danza diferente de aquella que acostumbro hacer en
esta etapa del ritual. Aunque no nos fuese dicha, todos
nosotros conocíamos una regla: nadie puede pisar fuera
de ese círculo de protección, ya que no portábamos las
protecciones que los Caballeros llevaban debajo de sus
cotas de malla. Memoricé el tamaño del círculo e hice
exactamente lo que Petrus me había enseñado.

Empecé a pensar en la infancia. Una voz, una lejana voz
de mujer dentro de mí empezó a cantar cantigas de ron-
das. Me arrodillé, me encogí en la posición de la semilla,
y sentí que mi pecho —sólo mi pecho— empezaba a danzar. Me sentía bien. Ya estaba por completo en el Ritual
de la Tradición. Poco a poco la música dentro de mí se
fue transformando, los movimientos se hicieron más brus-
cos y entré en un poderoso éxtasis. Vi todo oscuro, y mi
cuerpo no tenía gravedad en aquella oscuridad. Comencé
a pasear por los campos floridos de Agatha, y en ellos me
encontré con mi abuelo y con un tío que había influido
mucho en mi infancia. Sentí la vibración del Tiempo en
su tela a cuadros, donde todos los caminos se confunden y
se mezclan, se igualan a pesar de ser tan diferentes.
    A cierta altura, vi pasar al australiano; tenía un brillo
rojo en su cuerpo.
    La siguiente imagen completa fue la de un cáliz y una
patena, y esta imagen quedó fija durante mucho tiempo,
como si quisiera decir algo. Intenté descifrarla, pero no
llegué a comprender nada, a pesar de estar seguro de que
tenía que ver con mi espada. Después, me pareció ver la
faz de RAM, surgiendo en medio de la oscuridad que se

formó cuando la imagen del cáliz y la patena desaparecieron. Pero cuando la faz se aproximó era apenas la faz de N., el espíritu invocado y mi viejo conocido. No establecimos ningún tipo de comunicación especial y su rostro se difuminó en la oscuridad que volvía.

No sé cuánto tiempo estuvimos danzando. De repente oí una voz:

—IAHWEH, TETRAGRAMMATON... —y yo no quería salir del trance, mas la voz insistía:

—IAHWEH, TETRAGRAMMATON... —y reconocí la voz del Sumo Sacerdote, ordenando que todo el mundo saliese del trance. Eso me irritó. La Tradición era todavía mi raíz y no quería volver. Pero el Maestre insistía:

—IAHWEH, TETRAGRAMMATON...

No hubo forma de mantener el trance. Contrariado, volví a la Tierra. Estaba de nuevo en el círculo mágico, en el ambiente ancestral del castillo templario.

Nosotros —los peregrinos— nos miramos. La interrupción tan súbita, al parecer, nos disgustó a todos. Sentí muchas ganas de comentar con el australiano que lo había visto. Cuando lo miré, noté que no eran necesarias las palabras: él me había visto también.

Los caballeros se colocaron alrededor de nosotros. Las manos empezaron a golpear con las espadas en los escudos, dando lugar a un ruido ensordecedor. Hasta que el Sumo Sacerdote dijo:

—Espíritu N., porque diligentemente atendiste mis demandas, con solemnidad permito que partas, sin injurias a hombre o bestia. Vete, te digo, y apréstate a volver ansioso, siempre que seas debidamente exorcizado y conjurado por los Sagrados Ritos de la Tradición. Te conjuro a retirarte pacíficamente y pueda la Paz de Dios continuar para siempre entre tú y yo. Amén.

El círculo fue deshecho y nos arrodillamos, la cabeza baja. Un caballero rezó con nosotros siete padrenuestros y siete avemarías. El Sumo Sacerdote agregó siete credos, afirmando que Nuestra Señora de Medjugorje —cuyas apariciones en Yugoslavia se estaban produciendo desde 1982— así lo había determinado. Iniciábamos ahora un ritual cristiano.

—Andrew, levántese y venga hasta aquí —dijo el Sumo Sacerdote.

El australiano caminó hasta el frente del altar, donde estaban reunidos los siete Caballeros.

Otro caballero, que debía de ser su guía, dijo:

—Hermano, ¿demandáis la compañía de la Casa?

—Sí —respondió el australiano.

Yo comprendí que estábamos ante un ritual cristiano: la Iniciación de un Templario.

—¿Conoces las severidades de la Casa y las órdenes caritativas que ella tiene?

—Estoy dispuesto a soportar todo por Dios. Deseo ser siervo y esclavo de la Casa, siempre, todos los días de mi vida —respondió el australiano.

Vino después una serie de preguntas rituales, algunas de las cuales ya no tenían ningún sentido en el mundo de hoy, y otras de profunda devoción y amor. Andrew, con la cabeza baja, respondía a todas.

—Distinguido hermano, pedís gran cosa, pues de nuestra religión sólo veis la cáscara exterior, los bellos caballos, la bella ropa —dijo el guía—. Pero no sabéis los duros mandamientos que están por dentro: pues es algo muy duro que vos, que sois señor de vos mismo, os hagáis siervo de otros, pues difícilmente haréis lo que queráis. Si quisiereis estar en Acre, os mandarán para la tierra de Trípoli o de Antioquía o de Armenia. Y cuando queráis dormir, seréis obligado a velar, y si quisiereis quedar en vela, seréis mandado a descansar sobre vuestro lecho.

—Quiero entrar en la Casa —respondió el australiano.

Parecía que los ancestrales templarios, que un día vivieron en aquel castillo, asistían satisfechos a la ceremonia de iniciación. Las antorchas crepitaban intensamente.

Siguieron varias amonestaciones y a todas el australiano contestó que las aceptaba, que quería entrar en la Casa. Finalmente, su guía se volvió hacia el Sumo Sacerdote y repitió todas las respuestas del australiano. El Sumo Sacerdote, con solemnidad, preguntó una vez más si él estaba dispuesto a aceptar todas las normas que la Casa exigía.

—Sí, Maestre, si Dios quiere. Vengo, frente a Dios y a ti y frente a los frailes, a implorar y solicitar, por Dios y por Nuestra Señora, que me reciban en vuestra compañía y en los favores de la casa, espiritual y temporalmente, como aquel que quiere ser siervo y esclavo de la Casa, todos los días de su vida de aquí en adelante.

—Hazlo venir, por amor de Dios —dijo el Sumo Sacerdote.

En ese momento todos los Caballeros desenvainaron sus espadas y apuntaron para el cielo. Después bajaron las hojas e hicieron una corona de acero sobre la cabeza de Andrew. El fuego hacía que las hojas reflejaran una luz dorada, dando al momento un carácter sagrado.

Solemnemente su Maestre se aproximó. Y le entregó su espada.

Alguien comenzó a tocar un sino y la campana hacía eco en las paredes del antiguo castillo, repitiéndose hasta el infinito. Todos bajamos la cabeza y los Caballeros desaparecieron de nuestra vista. Cuando volvimos a levantar el rostro, éramos apenas diez, pues el australiano había salido con ellos para el banquete ritual.

Nos cambiamos la ropa y nos despedimos sin mayores formalidades. La danza debió de haber durado bastante, pues ya estaba clareando. Una inmensa soledad invadió mi alma.

Sentí envidia del australiano porque había recuperado su espada y llegado al final de su búsqueda. Yo estaba solo, sin tener a nadie para guiarme de aquí en adelante, porque la Tradición —en un distante país de América del Sur— me había expulsado de ella sin enseñarme el camino de vuelta. Tuve que recorrer el Extraño Camino de Santiago, que ahora estaba llegando al final, sin que supiese el secreto de mi espada o la manera de encontrarla.

La campana continuaba sonando. Al salir del castillo, con el día casi amaneciendo, noté que era el sino de una iglesia cercana llamando a los fieles para la primera misa del día. La ciudad despertaba para sus horas de trabajo, de sufridos amores, de sueños distantes y de cuentas por pagar. Sin que, ni la campana ni la ciudad, supiesen que durante aquella noche un rito ancestral había sido consumado una vez más, y que aquello que juzgaban muerto hace siglos continuaba renovándose y mostrando su inmenso Poder.

O Cebreiro

U sted es un peregrino? —preguntó la niña, única presencia viva en aquella tórrida tarde de Villafranca del Bierzo.

La miré y no dije nada. Debía de tener unos ocho años de edad, iba mal vestida, y había corrido hasta la fuente donde me había sentado para descansar un poco.

Mi única preocupación ahora era llegar a Santiago de Compostela y acabar de una vez con esta aventura loca. No podía olvidar la voz triste de Petrus en el estacionamiento de vagones de tren, ni su distante mirar cuando había fijado mis ojos en los de él, durante el Ritual de la Tradición. Era como si todo el esfuerzo que él había hecho para ayudarme resultara en balde. Cuando el australiano fue llamado al altar, tengo la completa seguridad de que a él le habría gustado que yo hubiese sido llamado también. Mi espada podría estar muy bien escondida en este castillo, lleno de leyendas y de sabiduría ancestral. Era un lugar que encajaba perfectamente con todas las conclusiones a que yo había llegado: desierto, visitado sólo por algunos peregrinos que respetaban las reliquias de la Orden del Temple, y un terreno sagrado.

Pero sólo el australiano fue llamado al altar. Y Petrus debió de sentirse humillado delante de los otros, porque yo no tenía un guía capaz de conducirme hasta la espada.

Además, el Ritual de la Tradición había despertado en mí un poco de la fascinación por la sabiduría de lo Oculto, que ya aprendiera a olvidar mientras hacía el Extraño Camino de Santiago, el "camino de las personas comunes". Las invocaciones, el control casi absoluto de la materia, la comunicación con los otros mundos, todo aquello era mucho más interesante que las Prácticas de RAM. Era posible que las Prácticas tuviesen una aplicación más objetiva en mi vida: sin duda había cambiado desde que comenzara a hacer el Extraño Camino de Santiago. Había descubierto, gracias a la ayuda de Petrus, que el conocimiento adquirido podía permitirme traspasar cascadas, vencer enemigos y conversar con el Mensajero sobre cosas prácticas y objetivas. Había conocido el rostro de mi Muerte, y el Globo Azul del Amor que Devora, inundando el mundo entero. Estaba preparado para afrontar el Buen Combate y hacer de la vida una serie de victorias.

Aun así, una parte escondida de mí todavía sentía nostalgia de los círculos mágicos, de las fórmulas trascendentales, del incienso y de la Tinta Sagrada. Lo que Petrus había llamado "un homenaje a los Antiguos" había sido para mí un contacto inmenso y saludable con las viejas lecciones olvidadas. Y la simple posibilidad de que tal vez nunca más pudiese tener acceso a este mundo me dejaba sin motivaciones para seguir.

Cuando volví al hotel, después del Ritual de la Tradición, había, junto con mi llave, la *Guía del Peregrino*, un libro que Petrus utilizaba para los puntos en que las marcas amarillas eran menos visibles y para que pudiésemos calcular la distancia entre una ciudad y otra. Dejé Ponferrada aquella misma mañana, sin dormir, y seguí el Camino. En la primera tarde descubrí que el mapa no estaba a escala, lo que me obligó a pasar una noche a la intemperie, en un abrigo natural de la roca.

Allí, meditando sobre todo lo que había acontecido desde el encuentro con Mme. Lawrence, no lograba comprender el esfuerzo insistente de Petrus para hacer que yo entendiera que, al contrario de lo que nos habían enseñado siempre, lo importante eran los resultados. El esfuerzo era saludable e indispensable pero, sin los resultados, no significaba nada. Y el único resultado que yo podía esperar de mí mismo y de todo aquello por lo que había pasado, era encontrar mi espada. Lo que hasta ahora no había sucedido. Y faltaban pocos días para llegar a Santiago.

—Si usted es peregrino, puedo llevarlo hasta el Portal del Perdón —insistió la niña junto a la fuente de Villafranca del Bierzo—. Quien cruza este Portal, no necesita llegar hasta Santiago.

Le di algunas monedas para que se fuera pronto y me dejara en paz. Pero al revés de esto, la niña empezó a jugar con el agua de la fuente, mojando la mochila y mis bermudas.

—Vamos, vamos, señor —dijo ella otra vez.

En ese exacto momento yo estaba pensando en una de las constantes citas de Petrus: "Aquel que labra, debe hacerlo con esperanza. El que trilla, debe hacerlo con la esperanza de recibir la parte que le es debida." Pertenecía a una de las epístolas del apóstol Pablo.

Era necesario que yo resistiera un poco más, continuar hasta el final, sin miedo a ser derrotado. Tener aún la esperanza de encontrar mi espada y decidir su secreto.

Y, ¿quién sabe? Tal vez aquella niña estuviese intentando decirme algo que no estaba queriendo entender. Si el Portal del Perdón, que estaba en una iglesia, tenía el mismo efecto espiritual que la llegada a Santiago, ¿por qué allí no podía estar mi espada?

—Vayamos allá —dije a la niña.

Miré el monte que había acabado de descender: era necesario volver y subir parte de él nuevamente. Había pasado por el Portal del Perdón sin ningún deseo de conocerlo, pues mi único objetivo fijo era llegar a Santiago. En cambio, allí estaba una niña, única presencia viva en aquella tórrida tarde de verano, insistiendo para que volviera atrás y conociera algo que yo había pasado por alto. Tal vez mis prisas y mi desánimo me hubieran hecho pasar por mi objetivo sin reconocerlo. A fin de cuentas, ¿por qué aquella chiquilla no se había ido cuando le di dinero?

Petrus siempre decía que me gustaba mucho fantasear acerca de las cosas. Quizá él estaba equivocado.

Mientras acompañaba a la niña, iba recordando la historia del Portal del Perdón. Era una especie de "arreglo" que la Iglesia había hecho con los peregrinos enfermos, ya que de allí en adelante el Camino volvía a ser accidentado y lleno de montañas hasta Compostela; entonces, en el siglo XII, un papa dijo que quien no estuviese en condiciones de completar el viaje, bastaba atravesar el Portal del Perdón y recibiría las mismas indulgencias que los peregrinos que llegaban al fin del Camino. En un pase de magia, el papa había resuelto el problema de las montañas y estimulado las peregrinaciones.

Subimos por el mismo sendero por donde yo pasara antes: caminos sinuosos, resbaladizos y empinados. La chica iba delante, disparada como un rayo, y muchas veces tuve que pedir que anduviese más lentamente. Ella obedecía por un cierto tiempo y luego perdía el sentido de la velocidad y empezaba a correr de nuevo. Media hora después, llegamos finalmente al Portal del Perdón.

—Yo tengo la llave de la iglesia —dijo ella—. Voy a entrar y abrir el Portal para que usted lo atraviese.

La pequeña entró por la puerta principal y yo quedé esperando al lado de afuera. Era una capilla no muy grande y el Portal era una abertura orientada al norte. Tenía todo el umbral decorado con vieiras y escenas de la vida de Santiago. Cuando empecé a oír el ruido de la llave en la cerradura, un enorme pastor alemán, surgido no sé de dónde, se acercó y se interpuso entre yo y el Portal.

Mi cuerpo se preparó para la lucha. "Otra vez —pensé—. Esta historia parece que no se va a acabar nunca. Siempre pruebas, luchas y humillaciones. Y ninguna pista de la espada."

En ese momento, sin embargo, el Portal del Perdón se abrió y la niña apareció. Al ver el perro mirándome —y a mí con los ojos fijos en los de él—, le dijo algunas palabras cariñosas y el animal se amansó. Luego, meneando el rabo, siguió en dirección al fondo de la iglesia.

Tal vez Petrus tuviese razón. Yo adoraba fantasear acerca de las cosas. Un simple pastor alemán se había transformado en algo amenazador y sobrenatural. Eso era una mala señal, señal de cansancio que conduce a la derrota.

Pero todavía me quedaba una esperanza. La niña me hizo señas para que entrara. Con el corazón lleno de expectativas, crucé el Portal del Perdón y recibí las mismas indulgencias que los peregrinos de Santiago.

Mis ojos recorrieron el templo vacío, casi sin imágenes, buscando la única cosa que me interesaba.

—Allí están los capiteles en concha, símbolo del Camino —empezó la chica, cumpliendo su papel de guía turístico—. Ésta es santa Águeda, del siglo...

En poco tiempo me di cuenta de que había sido inútil todo aquel camino.

—Y éste es Santiago Matamoros, blandiendo su espada y con los moros debajo de su caballo, estatua del siglo...

Allí estaba la espada de Santiago pero no la mía. Le di algunas monedas más a la niña pero ella no aceptó. Un tanto ofendida, pidió que saliera pronto y dio por terminadas las explicaciones sobre la iglesia.

Bajé nuevamente la montaña y volví a caminar en dirección a Compostela. Mientras cruzaba por segunda vez Villafranca del Bierzo, apareció otro hombre que dijo llamarse Ángel y me preguntó si yo quería conocer la iglesia de San José Obrero. A pesar de la magia de su nombre, yo acababa de salir de una decepción y estuve seguro de que Petrus tenía razón, pues era un verdadero conocedor del espíritu humano. Tenemos siempre tendencia a fantasear acerca de las cosas y a no ver las lecciones que están delante de nuestros ojos.

Sólo para confirmar una vez más esto, me dejé conducir por Ángel hasta que llegamos a otra iglesia. Estaba cerrada y él no tenía la llave. Me mostró, sobre la puerta, la imagen de san José con las herramientas de carpintero en la mano. Lo miré, le agradecí y le ofrecí algunas monedas. Él no quiso aceptar y me dejó en medio de la calle.

—Estamos orgullosos de nuestra villa —dijo—. No es por dinero que hacemos esto.

Volviendo una vez más por el mismo camino, en quince minutos había dejado atrás Villafranca del Bierzo, con sus puertas, sus calles y sus guías misteriosos que nada pedían a cambio.

Seguí durante algún tiempo por el terreno montañoso que tenía delante, donde el esfuerzo es muy grande y el progreso muy pequeño. Al principio pensaba sólo en mis preocupaciones anteriores: la soledad, la vergüenza de haber decepcionado a Petrus, mi espada y su secreto. Poco a poco, la imagen de la niña y de Ángel empezaron a volver a cada instante a mi pensamiento. Mientras yo estaba con los ojos fijos en mi recompensa, ellos me habían dado lo mejor de sí. Su amor por aquella villa. Sin pedir nada a cambio. Una idea todavía un tanto confusa empezó a formarse en las profundidades de mi ser. Era una especie de nexo de unión entre todo aquello. Petrus siempre había insistido en que la búsqueda de la recompensa era absolutamente necesaria para llegar a la Victoria. Sin embargo, siempre que me olvidaba del resto del mundo y sólo me preocupaba de mi espada, él me hacía volver a la realidad a través de procesos dolorosos. Este procedimiento se había repetido varias veces durante el Camino.

Era algo a propósito. Allí debía de estar el secreto de mi espada. Lo que estaba sumergido en el fondo de mi alma comenzó a sacudirse y a mostrar un poco de luz. Aún no sabía lo que estaba pensando, pero algo me decía que estaba en la pista correcta.

Di gracias por haberme cruzado con Ángel y con la niña; había el Amor que Devora en la manera como hablaban de las iglesias. Me hicieron recorrer dos veces el camino que yo había determinado hacer aquella tarde. Y por esta causa había olvidado de nuevo la fascinación del Ritual de la Tradición y había vuelto a las tierras de España.

Recordé un día, ya muy distante, cuando Petrus me reveló que habíamos hecho el mismo camino varias veces en los Pirineos. Sentí nostalgia de aquel día. Había sido un buen comienzo; quién sabe si la repetición del mismo hecho era presagio de un buen final.

Aquella noche llegué a un poblado y pedí hospedaje en la casa de una anciana que me cobró muy poco por la cama y la alimentación. Conversamos y ella me habló de su fe en el Sagrado Corazón de Jesús y de sus preocupaciones por la cosecha de aquel año de sequía. Cené y me fui temprano a dormir.

Me sentía más tranquilo debido a ese pensamiento que se estaba formando en mí y que estallaría en cualquier momento. Recé, hice algunos ejercicios que Petrus me había enseñado y decidí invocar a Astrain.

Necesitaba conversar con él sobre lo sucedido con el perro. Aquel día él había hecho lo posible para perjudicarme y, tras su negativa en el episodio de la cruz, estaba decidido a apartarlo de mi vida. Pero si no hubiera reconocido su voz, habría cedido a las tentaciones que aparecieron durante el combate.

"Hiciste lo posible por ayudar a vencer a Legión", le dije.

"Yo no lucho contra mis hermanos", respondió Astrain.

Era la respuesta que estaba esperando. Ya había sido prevenido al respecto y era una tontería estar enojado porque el Mensajero siguiera su propia naturaleza. Tenía que buscar en él al compañero que me ayudara en momentos como el que estaba pasando ahora; ésta era su única función.

Dejé de lado el rencor y empezamos a conversar animadamente sobre el Camino, sobre Petrus y sobre el se-

creto de la espada que yo presentía estaba dentro de mí.
Él no me dijo nada importante, sino que esos secretos estaban vedados para él. Por lo menos tuve alguien con
quien desahogarme un poco tras todo aquel silencio.
Conversamos hasta muy tarde, cuando la anciana tocó
la puerta diciendo que yo estaba hablando mientras ella
dormía.

Desperté más animado y empecé la caminata muy
temprano por la mañana. Según mis cálculos, llegaría esa
misma tarde a las tierras de Galicia, donde estaba Santiago de Compostela. El camino era todo cuesta arriba y
tuve que hacer un redoblado esfuerzo durante casi cuatro horas para mantener el ritmo de caminata que me
había propuesto.

A cada instante esperaba que en la próxima loma empezara el trecho de bajada. Pero esto no sucedía nunca
y acabé perdiendo las esperanzas de andar más rápido
en esa mañana. A lo lejos vi algunas montañas más altas, y pensaba que, tarde o temprano, debería pasar por
ellas. El esfuerzo físico, mientras tanto, había detenido el
curso de mi pensamiento y empecé a sentirme más con-
ciliado conmigo mismo.

A fin de cuentas, pensé, ¿cuántos hombres en este
mundo podían tomar en serio a alguien que abandona
todo para buscar una espada? ¿Y qué podría significar
en mi vida el hecho de no encontrarla?

Yo había aprendido las Prácticas de RAM, había conocido mi Mensajero, había peleado con el perro y había visto mi Muerte, me repetía una y otra vez, tratando
de convencerme de lo importante que fue para mí el Camino de Santiago. La espada era apenas una incidencia.
Me gustaría encontrarla, pero me gustaría más saber qué
debo hacer con ella. Porque necesitaba utilizarla de al-

gún modo práctico como había utilizado los ejercicios que Petrus me enseñara.

Me detuve bruscamente. El pensamiento que hasta entonces estaba oprimido, explotó. Todo a mi alrededor quedó claro y una ola de Ágape brotó de dentro de mí. Deseé con mucha intensidad que Petrus estuviese allí, para poder contarle aquello que quería saber de mí, la única cosa que en verdad esperaba que yo descubriera y que coronaba todo este enorme tiempo de enseñanzas por el Extraño Camino de Santiago: cuál era el secreto de mi espada. Y el secreto de mi espada, como el secreto de cualquier conquista que el hombre busca en esta vida, era la cosa más simple del mundo: qué hacer con ella.

Jamás había pensado en estos términos. Durante el Extraño Camino de Santiago, todo lo que quería saber era dónde encontrarla, dónde estaba escondida. Nunca me pregunté por qué quería encontrarla y para qué la necesitaba. Estaba con toda la energía volcada hacia la recompensa, sin entender que, cuando alguien desea algo, tiene que tener una finalidad bien clara para aquello que quiere. Éste es el único motivo para esperar una recompensa y éste era el secreto de mi espada.

Era necesario que Petrus supiese que yo había descubierto esto, pero estaba seguro de que no lo volvería a ver nunca más. Él esperaba este día, aunque, finalmente, no estaba para verlo.

Entonces en silencio me arrodillé, saqué un papel de mi cuaderno de anotaciones y escribí lo que pretendía hacer con mi espada. Después doblé cuidadosamente la hoja y la coloqué debajo de una piedra, que me recordaba su nombre y su amistad. En breve, el tiempo destruiría este papel, pero simbólicamente yo lo estaba entregando a Petrus.

Él ya sabía lo que iría a conseguir con mi espada. Mi deber con Petrus estaba cumplido.

Seguí montaña arriba, con Ágape fluyendo dentro de mí y coloreando el paisaje a mi alrededor. Ahora que había descubierto el secreto, habría de descubrir lo que buscaba. Una fe, una seguridad absoluta llenó todo mi ser. Comencé a cantar la canción italiana que Petrus había recordado en el estacionamiento de vagones. Como yo no sabía la letra de la canción, traté de inventar las palabras. No había nadie cerca; yo cruzaba un espacio de espesa vegetación y el aislamiento me hizo cantar más alto. Al poco rato, me di cuenta de que las palabras que estaba inventando tenían un sentido absurdo en mi cabeza, era un medio de comunicación con el mundo que sólo yo conocía, pues el mundo me estaba enseñando ahora.

Antes ya había experimentado esto de una manera distinta, cuando tuve mi primer encuentro con Legión. En aquel día se manifestó en mí el Don de los Idiomas. Yo había sido siervo del Espíritu, que me utilizó para salvar una mujer, crear un Enemigo y enseñarme la forma cruel del Buen Combate. Ahora era diferente: yo era el Maestre de mí mismo y me enseñaba a conversar con el Universo.

Comencé a conversar con todas las cosas que aparecían en el camino: troncos de árboles, pozas de agua, hojas caídas y enredaderas vistosas. Era un ejercicio de personas comunes que los niños enseñan y los adultos olvidan. Había una misteriosa respuesta de las cosas, como si entendiesen lo que yo estaba diciendo y, a cambio, me inundasen del Amor que Devora.

Entré en una especie de trance y quedé asustado, pero estaba dispuesto a seguir con aquel juego.

Petrus, una vez más, tenía razón: enseñándome a mí mismo, me transformaba en un Maestre.

Llegó la hora del almuerzo y no me detuve para comer. Cuando atravesaba las pequeñas poblaciones en el camino hablaba más bajo, reía solo, y si alguien, por ventura, me prestó atención, debió de haber creído que los peregrinos hoy en día llegan locos a la catedral de Santiago. Pero esto no tenía importancia porque yo celebraba la vida a mi alrededor y ya sabía lo que tenía que hacer con mi espada cuando la encontrara.

Durante el resto de la tarde caminé en trance, consciente de donde quería llegar, pero mucho más consciente de la vida que me cercaba y que me devolvía Ágape. En el cielo, por primera vez, empezaron a formarse negros nubarrones; rogué para que lloviera, porque después de tanto tiempo de caminata y de sequía, la lluvia era nuevamente una experiencia nueva, excitante. Cuando dieron las tres de la tarde, pisé tierras de Galicia y vi en mi mapa que apenas faltaba una montaña para completar la travesía de aquella etapa.

Decidí que cruzaría aquella montaña y que dormiría en el primer lugar habitado de la bajada: Tricastela, donde un gran rey, Alfonso IX, había soñado crear una enorme ciudad, que muchos siglos después no pasaba todavía de ser un poblado rural.

Aún caminando y hablando el idioma que yo había inventado para conversar con las cosas, comencé a subir la montaña que faltaba: O Cebreiro. El nombre venía de remotos poblados romanos del lugar y parecía indicar el mes "fevereiro"*, donde algo importante debía de haber ocurrido. Antiguamente era considerado el paso más difícil de la Ruta Jacobea, pero hoy las cosas han cambiado (excepto la subida, que es algo más empinada que las otras). Una enorme antena de televisión en un monte vecino sirve de referencia a los peregrinos y evita los desvíos de ruta, comunes y fatales en el pasado.

Las nubes empezaron a bajar mucho y en poco tiempo me encontraría entrando en la neblina. Para llegar a Tricastela tenía que seguir con todo cuidado las marcas amarillas, ya que la antena de televisión estaba oculta por la neblina. Si me perdiese, terminaría durmiendo una noche más a la intemperie, y aquel día, además, con amenaza de lluvia, la experiencia se anticipaba bastante desagradable. Una cosa es dejar que las gotas caigan en el rostro, gozar con plenitud de la libertad y de la vida, y terminar la noche en un lugar acogedor, con un vaso de vino y una cama para descansar lo suficiente para la caminata del día siguiente. Otra es dejar que las gotas de agua se transformen en una noche insomne, tratando de dormir en el barro, con las vendas mojadas sirviendo de caldo de cultivo para una infección en la rodilla.

Debía decidir rápidamente entre seguir adelante y atravesar la neblina, ya que todavía quedaba bastante luz para eso, o volver a dormir en el pequeño villorrio por el que había pasado hacía algunas horas, dejando la travesía de O Cebreiro para el día siguiente.

En el momento en que me di cuenta de que necesita-

---

* *Fevereiro* es febrero, en gallego. *(N. de la t.)*

ba tomar una decisión inmediata, noté también algo extraño en mí. La seguridad de haber descubierto el secreto de mi espada me empujaba para adelante, en dirección a la neblina que en breve me cercaría. Era un sentimiento muy distinto de aquel que me había hecho seguir a la niña hasta el Portal del Perdón, o al hombre que me llevó a la iglesia de San José Obrero.

Recordé que, en las escasas ocasiones en que acepté dar un curso de magia en Brasil, acostumbraba comparar la experiencia mística a otra experiencia que todos nosotros hemos tenido: andar en bicicleta.

Usted comienza a montar en la bicicleta, impulsando el pedal y cayendo. Usted monta y cae, monta y cae, y sólo aprende a equilibrarse poco a poco. De repente, sin embargo, sucede que el equilibrio es perfecto y consigue dominar enteramente el vehículo. No existe una experiencia acumulativa, sino una especie de "milagro", que sólo se manifiesta en el momento en que la bicicleta pasa a "andar en usted", o sea, cuando usted acepta el desequilibrio de ruedas y, a medida que lo sigue, pasa a utilizar el impulso inicial de caída para transformarlo en una curva o en más impulso para el pedal.

En aquel momento de la subida de O Cebreiro, a las cuatro de la tarde, noté que el mismo milagro había sucedido. Después de tanto tiempo andando por el Camino de Santiago, el Camino de Santiago pasaba a "andarme". Yo seguía aquello que llaman Intuición. Y debido al Amor que Devora que había sentido durante todo el día, debido al secreto de mi espada que había descubierto y porque el hombre toma siempre en los momentos de crisis la decisión correcta, caminaba sin miedo en dirección a la neblina…

"Esta nube tiene que pasar", pensaba yo mientras luchaba por descubrir las marcas amarillas en las piedras y en los árboles del Camino. Hacía casi una hora que la visibilidad era muy precaria y yo continuaba cantando, para apartar el miedo, y esperando que sucediera algo extraordinario. Rodeado por la neblina, solo en aquel ambiente irreal, empecé una vez más a ver el Camino de Santiago como si fuera una película, en el momento en que vemos al héroe hacer lo que nadie haría, mientras la gente piensa que esas cosas suceden sólo en el cine. Pero allí estaba yo, viviendo esta situación en la vida real. La floresta estaba quedando cada vez más silenciosa y la neblina empezó a disiparse bastante. Podía ser que estuviera llegando al final, pero aquella luz confundía mis ojos y pintaba todo lo que me rodeaba con colores misteriosos y aterradores.

El silencio era ahora casi total, y estaba prestando atención a esto cuando me pareció oír, viniendo de mi izquierda, una voz de mujer. Me detuve en el acto. Esperaba que el sonido se repitiera, pero no escuché ningún ruido, ni siquiera el ruido normal de las florestas, con sus grillos, insectos y animales pisando las hojas secas. Miré el reloj: eran exactamente las cinco y cuarto de la tarde. Calculé que faltaban unos cuatro kilómetros para llegar a Torrestrela y tiempo más que suficiente para poder hacer la caminata con la luz del día.

Cuando desvié la vista del reloj, escuché nuevamente la voz femenina. A partir de aquel momento, yo viviría una de las experiencias más importantes de toda mi vida.

La voz no venía de ningún lugar de la floresta, sino de dentro de mí mismo. Yo podía escucharla de una manera nítida y clara, y eso hacía que mi sentido de la Intuición se volviese más fuerte. No era yo —ni Astrain— el dueño de aquella voz. Ella me dijo solamente que debía seguir caminando y que obedeciera sin pestañear.

Era como si Petrus hubiese vuelto, hablando de mandar y servir, y que yo fuese en aquel instante un mero instrumento del Camino que "me caminaba". La neblina fue siendo cada vez más clara, como si estuviera llegando cerca del final. A mi lado, árboles dispersos, un terreno húmedo y resbaladizo y la misma subida escarpada que yo estaba recorriendo hacía ya bastante tiempo.

De repente, como por arte de magia, la neblina desapareció por completo. Y delante de mí, clavada en lo alto de la montaña, había una cruz.

Miré a mi alrededor, vi el mar de nubes de donde salí y otro mar de nubes encima de mi cabeza. Entre estos dos océanos, los picos de las montañas más altas y el pico de O Cebreiro, con la cruz. Tuve un enorme impulso de rezar.

Aun sabiendo que aquello me iba a desviar del camino de Torrestrela, decidí subir hasta lo alto de la montaña y hacer mis oraciones al pie de la cruz.

Fueron cuarenta minutos de subida que hice en silencio interno y externo. El idioma que yo había inventado había desaparecido de mi mente; ya no servía para comunicarme ni con los hombres ni con Dios. El Camino de Santiago era el que "estaba andando" y él me revelaría el lugar de mi espada. Petrus, de nuevo, tenía razón.

Al llegar a la cumbre, un hombre estaba sentado al lado de la cruz, escribiendo algo. Por un momento pensé que era un enviado, una visión sobrenatural. Pero la Intuición dijo que no. Vi la vieira cosida en su ropa: era sólo un peregrino que me miró durante largo tiempo y salió, importunado por mi presencia. Tal vez estaba esperando la misma cosa que yo —un Ángel— y nos habíamos descubierto como hombres. En el camino de las personas comunes.

A pesar del deseo de rezar, no pude decir nada. Quedé delante de la cruz durante mucho tiempo, mirando las montañas y las nubes que cubrían el cielo y la tierra, dejando sólo las altas cumbres sin neblina. A un centenar de metros más abajo de donde yo estaba, un caserío de sólo quince casas y una pequeña iglesia empezaban a encender sus luces.

Por lo menos tendría donde pasar la noche cuando el camino lo ordenase. No sabía exactamente a qué hora sucedería eso, pero a pesar de que Petrus había partido, yo no estaba sin un guía. El Camino "me andaba".

Un cordero desviado subió al monte y se interpuso entre yo y la cruz. Me miró, un poco asustado. Durante mucho tiempo permanecí mirando el cielo casi negro, la cruz y el cordero blanco a sus pies. Entonces, de un golpe, sentí el cansancio de todo aquel tiempo de pruebas, de luchas, de lecciones y caminatas. Un dolor terrible atacó mi estómago y subió por la garganta, hasta transformarse en secos sollozos, sin lágrimas, delante del cordero y de la cruz. Una cruz que no necesitaba poner de pie, porque estaba allí delante de mí, resistiendo al tiempo, solitaria e inmensa. Mostraba el destino que el hombre diera no a su Dios, sino a sí mismo. Las lecciones del Camino de Santiago comenzaban a volver a mi cabeza, mientras yo sollozaba frente al testimonio solitario de aquel cordero.

—Señor —dije finalmente consiguiendo rezar—. Yo no estoy clavado a esta cruz y tampoco Te veo ahí. Esta cruz está vacía y así debe permanecer para siempre, porque el tiempo de la Muerte ya pasó y un dios resucita ahora dentro de mí. Esta cruz era el símbolo del Poder infinito que todos nosotros tenemos clavado y muerto por el hombre. Ahora este Poder renace a la vida, el mundo está salvo y soy capaz de obrar sus Milagros. Porque recorrí el camino de las personas comunes y en ellas descubrí Tu propio secreto. También Tú recorriste el camino de las personas comunes. Viniste a enseñar todo de lo que éramos capaces y nosotros no quisimos aceptar. Nos mostraste que el Poder y la Gloria estaban al alcance de todos, y esta súbita visión de nuestra capacidad fue demasiado para nosotros. Te crucificamos porque somos ingratos con el Hijo de Dios, pero también porque teníamos miedo de aceptar nuestra propia capacidad. Te crucificamos con miedo de transformarnos en dioses. Con el tiempo y la tradición, volviste a ser sólo una divinidad distante y nosotros retornamos a nuestro destino de hombres.

"No existe ningún pecado en ser feliz. Media docena de ejercicios y un oído atento bastan para conseguir que un hombre realice sus sueños más imposibles. Por culpa de mi orgullo de la sabiduría, me hiciste recorrer el camino que todos podían hacer y descubrir lo que todos ya saben si pusieran un poco de atención en la vida. Me hiciste ver que la búsqueda de la felicidad es personal y no un modelo que podamos pasar a los otros. Antes de descubrir mi espada, tuve que descubrir su secreto. Era simple. Sólo consistía en saber qué hacer con ella. Con ella y con la felicidad que representará para mí.

"Caminé tantos kilómetros para descubrir cosas que yo ya sabía, que todos nosotros ya sabemos, pero que son difíciles de aceptar. ¿Existe algo más difícil para el hombre-Señor que descubrir que puede alcanzar el Poder?

"Este dolor que siento ahora en mi pecho y que me hace sollozar, asustando al cordero, viene sucediendo desde que el hombre existe. Pocos aceptaron el fardo de la propia victoria: la mayoría desistió de los sueños cuando éstos se hicieron posibles. Se negaron a entablar el Buen Combate, porque no sabían qué hacer con la propia felicidad. Estaban demasiado sujetos a las cosas de este mundo. Como yo, que quería encontrar mi espada sin saber lo que quería hacer con ella.

Un dios adormecido despertando dentro de mí. El dolor era cada vez más intenso. Sentí, cerca, la presencia de mi Maestre, y conseguí, por primera vez, transformar los sollozos en lágrimas. Lloré de gratitud por él, por haberme hecho buscar mi espada a través del Camino de Santiago. Lloré de gratitud por Petrus, por haberme enseñado, sin decir nada, que alcanzaría mis sueños si descubría primero lo que deseaba hacer con ellos. Vi la cruz vacía y el cordero a sus pies, libre para pasear por donde quisiera en esas montañas y ver nubes sobre su cabeza y bajo sus pies.

El cordero se levantó y yo lo seguí. Ya sabía adonde me estaba llevando; a pesar de las nubes, el mundo estaba transparente para mí. Aunque no estuviera viendo la Vía Láctea en el cielo, tenía la certeza de que ella existía y mostraba a todos el Camino de Santiago. Seguí al cordero que caminó en dirección a aquel caserío, llamado también O Cebreiro, como el monte. Allí, cierta vez, un milagro había sucedido, el milagro de transformar aquello que usted hace en aquello en lo que usted cree. El Secreto de mi espada y del Extraño Camino de Santiago.

Mientras bajaba la montaña recordé la historia. Un campesino de un poblado próximo subió para oír misa en O Cebreiro, en un día de gran tempestad. Celebraba misa un monje casi sin fe, que interiormente despreció el sacrificio del campesino. Pero en el momento de la consagración la hostia se transformó en la carne de Cristo y el vino en su sangre. Las reliquias todavía están allí, guardadas en aquella pequeña capilla: un tesoro más valioso que toda la riqueza del Vaticano.

El cordero se detuvo un momento en la entrada del caserío, donde sólo existe una calle que lleva hasta la iglesia. En ese momento fui atacado por inmenso pavor y comencé a repetir sin cesar: "Señor, no soy digno de entrar en Tu Casa." Pero el cordero, mirándome, habló conmigo a través de sus ojos. Dijo que olvidara para siempre mi indignidad, porque el Poder había renacido en mí, del mismo modo como podía renacer en todos los hombres que transformasen la vida en un Buen Combate. Llegará un día —decían los ojos del Cordero— en que el hombre sentirá de nuevo orgullo de sí mismo y toda la Naturaleza loará al dios que allí estaba dormido.

Mientras el cordero me miraba, podía leer todo esto en sus ojos. Ahora él era mi guía por el Camino de Santiago. Por un momento todo quedó oscuro y empecé a ver escenas muy parecidas a las que había leído en el Apocalipsis: el Gran Cordero en su trono y los hombres lavando sus vestiduras y dejándolas limpias con la sangre del Cordero. Era el despertar del dios adormecido en cada uno. Vi también algunos combates, períodos difíciles, catástrofes que sacudirían la Tierra en los próximos años. Pero todo terminaba con la Victoria del Cordero y con cada ser humano sobre la faz de la Tierra, despertando a su dios adormecido con todo su Poder.

Entonces me levanté y seguí al cordero hasta una pequeña capilla, construida por el campesino y por el monje que había pasado a creer en lo que hacía. Nadie sabe quiénes fueron: dos lápidas sin nombres en el cementerio de al lado marcan el lugar donde están enterrados sus huesos. Pero es imposible saber cuál es la tumba del monje y cuál la del campesino. Porque para que hubiese el Milagro, las dos fuerzas eran necesarias para que hubiesen entablado el Buen Combate.

La capilla estaba llena de luz cuando llegué a su puerta. Sí, yo era digno de entrar porque tenía una espada y sabía lo que hacer con ella. No era el Portal del Perdón, porque ya había sido perdonado, lavado muchas veces en la sangre del Cordero.

Ahora lo único que quería era poner mis manos en mi espada y salir afrontando el Buen Combate.

En la pequeña construcción no había ninguna cruz. Allí, en el altar, estaban las reliquias del Milagro: el cáliz y la patena que había visto durante la Danza, y un relicario de plata conteniendo el cuerpo y la sangre de Jesús. Volvía a creer en milagros y en las cosas imposibles que el hombre es capaz de conseguir en su vida diaria. Las altas cumbres que me cercaban parecían proclamar que sólo estaban allí para desafiar al hombre. Y el hombre sólo existía para aceptar la honra de este desafío.

El cordero se esfumó por entre los bancos y yo miré enfrente. Delante del altar, sonriendo —tal vez un poco aliviado—, estaba el Maestre. Con mi espada en la mano.

Me detuve y él se aproximó, pasando de largo por mi lado y saliendo al exterior. Lo seguí. Delante de la capilla, mirando el cielo oscuro, desenvainó mi espada y me

pidió que la tomara por el puño junto con él. Dirigió la
hoja hacia arriba y recitó el Salmo sagrado de aquellos
que viajan y luchan para vencer:

Caigan mil a tu lado y diez mil a tu derecha,
tú no serás alcanzado.
Ningún mal te ocurrirá, ninguna plaga llegará a tu
tienda;
pues a sus Ángeles dará órdenes a tu respecto,
para que te guarden en todos tus Caminos.

Entonces me arrodillé, y él tocó mis hombros con la
hoja mientras decía:

Pisarás el león y el áspid.
Calzarás en los pies el leoncito y el dragón.

Cuando terminó de decir esto, empezó a llover. Llovía y se fertilizaba la tierra y aquella agua sólo volvería
al cielo después que hubiese hecho germinar una semilla, crecer un árbol, abrir una flor. Llovía cada vez más
fuerte y yo, con la cabeza erguida, sentí por primera vez,
en todo el Camino de Santiago, el agua venir de los cielos. Recordé los campos desiertos y estaba feliz porque
aquella noche estaban siendo mojados. Me acordé de las
piedras de León, de los trigales de Navarra, de la aridez
de Castilla, de las viñas de La Rioja, que hoy estaban be-
biendo el agua que bajaba en torrentes, trayendo la fuerza de lo que está en los cielos.

Recordé que había colocado una cruz de pie y que la
tempestad la podía derribar de nuevo, para que otro peregrino pudiese aprender el Mandar y el Servir. Pensé en
la cascada, que ahora debía de caer con más fuerza por

la lluvia, y en Foncebadón, donde había dejado tanto Poder para fertilizar nuevamente el suelo.

Pensé en todas las aguas que bebí en tantas fuentes y que ahora estaban siendo devueltas. Yo era digno de mi espada porque sabía lo que hacer con ella.

El Maestre me pasó la espada y yo la sujeté. Intenté buscar con los ojos al cordero, pero había desaparecido. Sin embargo, esto no tenía la menor importancia: el Agua Viva descendía de los cielos y hacía que la hoja de mi espada brillara.

Palabras finales

Santiago de Compostela

Desde la ventana de mi hotel puedo ver la catedral de Santiago y algunos turistas que están en su puerta principal. Estudiantes con ropas medievales negras pasean entre las demás personas, y los vendedores de *souvenirs* comienzan a montar sus tenderetes. Es de mañana, temprano, y excepto las anotaciones, éstas son las primeras líneas que escribo del Camino de Santiago.

Llegué ayer a la ciudad, después de tomar un autobús de la línea regular entre Pedrafita —cerca de O Cebreiro— y Compostela. En cuatro horas recorrimos los ciento cincuenta kilómetros que separaban las dos ciudades y recordé la caminata con Petrus: a veces necesitábamos dos semanas para recorrer esta misma distancia. Dentro de poco voy a salir y dejar en la tumba de Santiago la imagen de Nuestra Señora de Aparecida montada en las vieiras. Después, y en cuanto me sea posible, tomaré un avión de vuelta para Brasil, pues tengo mucho que hacer. Recuerdo que Petrus dijo que había volcado toda la experiencia en un cuadro, y pasa por mi cabeza la idea de escribir un libro sobre lo que pasé. Pero ésta es todavía una idea remota y, además, tengo mucho que hacer ahora que he recuperado mi espada.

El secreto de mi espada es mío y jamás lo revelaré. Fue escrito y dejado debajo de una piedra, pero con la lluvia que cayó, el papel ya debe de haberse destruido. Es mejor así. Petrus no lo necesitaba saber.

Le pregunté al Maestre cómo sabía él la fecha en que iba a llegar, o si ya estaba hacía mucho tiempo allí.

Se rió. Dijo que había llegado la mañana anterior y se iría al día siguiente, aunque yo no llegara.

Pregunté cómo podía ser posible y él nada respondió. Pero a la hora de despedirnos, cuando él ya estaba dentro del coche alquilado que lo llevaría de vuelta a Madrid, me dio una pequeña encomienda de la Orden de Santiago de la Espada y dijo que yo había tenido ya una gran revelación cuando había mirado los ojos del cordero.

Mientras tanto, si yo me esforzaba como me había esforzado, tal vez consiguiese un día entender que las personas siempre llegan a la hora exacta donde están siendo esperadas.

MAR CANTÁBRICO

FRANCIA

S. JEAN PIED-DE-PORT

RONCESVALLES

ESTELLA

PAMPLONA

BURGOS

PUENTE LA REINA

ROJERIZ

SANTO DOMINGO
DE LA CALZADA

LOGROÑO

LADOLID

Índice

Paulo Coelho, a tu alcance

El Peregrino
(Diario de un mago)

Un libro sobre la determinación

Este libro es la confirmación de que
uno mismo es el señor de sus pasos,
el dueño absoluto de su camino,
el arquitecto de su sueño.

El Alquimista

Una novela sobre
el descubrimiento

Santiago, el protagonista, un joven pastor,
un día abandona su rebaño para ir en pos
de una quimera. Cuando una persona desea
realmente algo, el Universo entero conspira
para que pueda realizar su sueño.

Brida

Una novela sobre la libertad

La sorprendente historia de Brida O'Fern,
una de las más jóvenes maestras en la
Tradición de las Hechiceras. Una gran
historia de una vida contada con sencillez
y alegría donde la magia habla toda
las lenguas del corazón del hombre.

A orillas del río Piedra me senté y lloré

Una novela sobre la entrega

El encuentro del lado femenino de Dios es
el telón de fondo de una historia de amor
contada por Pilar, una mujer con miedo
a vivir sus sentimientos.

La Quinta Montaña

Una novela sobre la perseverancia

En el año 870 a. C. todos los habitantes de Fenicia creen que el profeta Elías es el responsable de las desgracias y lo condenan a muerte. El pueblo lo obliga a escalar la Quinta Montaña, para pedirle perdón a los dioses, antes de ser sacrificado...

Manual del guerrero de la luz

Un libro sobre el aprendizaje

En cada uno de nosotros vive un guerrero de la luz, alguien capaz de escuchar el silencio de su corazón, de aceptar las derrotas sin dejarse abatir por ellas y de alimentar la esperanza en medio del cansancio y el desaliento.

Veronika decide morir

Una novela sobre el coraje

Veronika parece tener todo lo que desea:
acude a sitios de moda por las noches, tiene
citas con jóvenes atractivos, pero no es feliz.
Algo falta en su vida. Es por ello que,
la mañana del 11 de noviembre de 1997,
decide morir.

El Demonio y la señorita Prym

Una novela sobre la elección

La Srta. Prym está dividida entre el ángel y el
demonio que, como todo el mundo, lleva
dentro de sí. ¿Quién tendrá la última palabra
y decidirá el destino de la Srta. Prym y de
toda la comunidad de Viscos?

Once minutos

Una novela sobre lo sublime

"Había una vez una prostituta llamada María..." Como un cuento de hadas para adultos, así comienza la novela que conmovió al mundo.

El Zahir

Una novela sobre la obsesión

Todo parecía estar bien entre ellos hasta el día en que Esther desaparece sin dejar rastros. La policía elabora hipótesis de secuestro, asesinato... El marido, guiado por sus interrogantes, inicia un viaje en busca de su esposa.

Planeta

España
Av. Diagonal, 662-664
08034 Barcelona (España)
Tel. (34) 93 492 80 00
Fax (34) 93 492 85 65
Mail: info@planetaint.com
www.planeta.es

Paseo Recoletos, 4, 3.ª planta
28001 Madrid (España)
Tel. (34) 91 423 03 00
Fax (34) 91 423 03 25
Mail: info@planetaint.com
www.planeta.es

Argentina
Av. Independencia, 1668
C1100 Buenos Aires
(Argentina)
Tel. (5411) 4124 91 00
Fax (5411) 4124 91 90
Mail: info@eplaneta.com.ar
www.editorialplaneta.com.ar

Brasil
Av. Francisco Matarazzo,
1500, 3.º andar, Conj. 32
Edificio New York
05001-100 São Paulo (Brasil)
Tel. (5511) 3087 88 88
Fax (5511) 3087 88 90
Mail: ventas@editoraplaneta.com.br
www.editoraplaneta.com.br

Chile
Av. 11 de Septiembre, 2353, piso 16
Torre San Ramón, Providencia
Santiago (Chile)
Tel. Gerencia (562) 652 29 43
Fax (562) 652 29 12
www.planeta.cl

Colombia
Calle 73, 7-60, pisos 7 al 11
Bogotá, D.C. (Colombia)
Tel. (571) 607 99 97
Fax (571) 607 99 76
Mail: info@planeta.com.co
www.editorialplaneta.com.co

Ecuador
Whymper, N27-166,
y Francisco de Orellana
Quito (Ecuador)
Tel. (5932) 290 89 99
Fax (5932) 250 72 34
Mail: planeta@access.net.ec

México
Masaryk 111, piso 2.º
Colonia Chapultepec Morales
Delegación Miguel Hidalgo 11560
México, D.F. (México)
Tel. (52) 55 3000 62 00
Fax (52) 55 5002 91 54
Mail: info@planeta.com.mx
www.editorialplaneta.com.mx
www.planeta.com.mx

Perú
Av. Santa Cruz, 244
San Isidro, Lima (Perú)
Tel. (511) 440 98 98
Fax (511) 422 46 50
Mail: rrosales@eplaneta.com.pe

Portugal
Planeta Manuscrito
Rua do Loreto, 16-1.º Frte.
1200-242 Lisboa (Portugal)
Tel. (351) 21 370 43061
Fax (351) 21 370 43061

Uruguay
Cuareim, 1647
11100 Montevideo (Uruguay)
Tel. (5982) 901 40 26
Fax (5982) 902 25 50
Mail: info@planeta.com.uy
www.editorialplaneta.com.uy

Venezuela
Final Av. Libertador con calle Alameda,
Edificio Exa, piso 3.º, of. 301
El Rosal Chacao, Caracas (Venezuela)
Tel. (58212) 952 35 33
Fax (58212) 953 05 29
Mail: info@planeta.com.ve
www.editorialplaneta.com.ve